JN303746

政治の理想について

幸福実現党宣言②

まえがき

前著、『幸福実現党宣言』に引き続き、ここに第二部として『政治の理想について』——幸福実現党宣言②——を刊行することとなった。前著が「憲法論」を中軸に据《す》えているのに対し、本書では、政策と、その思想的バックボーンとしての政治哲学、政治思想が明らかにされている。『国家の気概』などとも併《あわ》せてお読みになれば、私が創唱、創立した『幸福実現党』の構想や未来ビジョンが見えてくることだろう。

私が専制独裁《せんせいどくさい》国家より、古代ギリシャ的民主主義の国に憧《あこが》れ、マルクス的統制経済より、アダム・スミスや、シュンペーター、ドラッカーらの個人的自由、起《き》業《ぎょう》の自由、自由主義経済による繁栄に軸足《じくあし》を置いていることは明らかである。左傾化《さけいか》し、セルフ・ヘルプの精神を失った国民の国家は必ず衰退《すいたい》していく。本書が、新時代の『自助論』（サミュエル・スマイルズ）であり、『国富論』（アダム・スミス）である。未来日本の礎《いしずえ》がここにある。

二〇〇九年　六月吉日

国師《こくし》　大川隆法《おおかわりゅうほう》

政治の理想について　目次

第2章　政治の理想について

第3章　政治経済学入門
――国富増大への道――

第4章　国家経済と人間の自由

第5章　幸福の具体化について

第1章

水平権力の時代

――ギリシャ的政治理想をめぐって――

1　政治のバックボーンには根本的な哲学《てつがく》が必要

私は、最近、政治をめぐる説法を幾《いく》つかしていますが、本章では、政治思想にかかわる考え方を少し述べておきたいと思います。

現在進行形の政治についてだけではなくて、政治思想の根本、難しい言い方をすれば、政治哲学《てつがく》についての内容になります。

政治とは、この世の現象として現れてくる具体的な活動ですが、そのもとにあるものは、やはり、何といっても、政治哲学、理念、あるいは基本的なものの考え方や価値観です。そういうものが投影《とうえい》されて、現実の政治的な活動になってくるわけであり、その意味で、政治思想、政治哲学というものは非常に大事です。

このバックボーンのところが、どういうものであるかによって、現実に現れてくる活動や行動が大きく変化してくるのです。

政治には、「数で勝つかどうか」「法律をどうするか」「どのくらいの金額にするか」「現在ただいまの状況《じょうきょう》をどうするか」など、この世の仕組みについての議論はいくらでもあります。しかし、「そもそも、政治の根本の理想は、どういうものなのか」というところについて、深く考えておくことは非常に大事です。

現実の政治のいろいろな場面で、予想もしなかった未知の問題がたくさん出てくるわけですが、そのときに、深い政治思想、政治哲学を持っていると、「その根本の哲学に照らしてみれば、こういう方向で考えるべきではないか」というアイデアが出てくるわけです。

そうではなく、そのときどきに、適当に思いついて対応をしているようであっては、首尾一貫性《しゅびいっかんせい》がなく、根本的な政治哲学がないと言わざるをえません。

あるいは、逆の言い方をすると、政治哲学のところで、一本、筋が通ってさえいれば、ある意味で、その後の政治的な方針というものが、何十年も先まで見えてくるところがあるわけです。

そこで、本章では、私の政治的思想、政治哲学的な思考の原点に近いあたりについて述べていきます。言葉の響《ひび》きは難しくて、必ずしも一般《いっぱん》向きではないかもしれませんが、これは極《きわ》めて大事な考え方であると思います。

2 政治哲学《てつがく》に惹《ひ》かれた大学時代

私は大学三年で助手論文の水準を超《こ》えていた

私が東京大学で学んだ学問はいろいろあるのですが、いちばん関心を持った分野は、政治思想、特に政治哲学《てつがく》でした。これが、いちばん関心のあった分野なのです。

実は、大学三年生になる前の春休みに、国際政治学のゼミに入るため、政治哲学の論文を書いたことがあります。非常に難解な論文であり、国際政治学の先生にもチンプンカンプンだったようで、「政治哲学は別の先生が教えているから、これは私のところに出す論文ではないのではないか」と言われたのですが、私は、「先生のゼミに入りたいのです。ゼミに入る条件として、『何らかの論文を提出せよ』ということだったので、出しました」と言いました。

「論文が認められたらゼミに入れてもらえる」ということだったので、春休みに政治哲学に関する論文を書いて、国際政治学のゼミに入ろうとしたのです。

そのゼミの先生は、「僕《ぼく》は、君が引用している文献《ぶんけん》を全然読んでいないから、この内容が合っているのかどうか、さっぱり分からないけれども、とにかく難しいよ」と言っていました。

しかし、こちらも度胸だけはあったので、その先生が何かクレームをつけようとするのを無視して、「いかに深く考えた思想であるか」という態度で臨《のぞ》んだところ、「そうか、そんなによく考えて練られた、新しい思想なのか。うーん。君は非常にマチュアー（成熟している）だねえ」と言われました。

最初は、ややクレーム風の言い方から始まったのですが、論文をパラパラめくりながら面談をしているうちに、「いや、これはけっこうレベルが高いかもしれないなあ」「どうして、これに序文が付いていないんだ。普通《ふつう》は序文とあとがきが付くのではないか」などと言われたのです。

私は、「序文もあとがきも、実は書いてはいたのですが、簡単にそこだけを読まれるのも残念であり、やはり、きちんと内容を読んでいただきたいと思ったのです。また、序文は、あまりにも力が入りすぎていて、その二、三ページの序文を読まれたら、それだけで判定されると思ったので、わざと外しました」と答えました。

その先生は、最初はブツブツ言っていたのですが、「うん、そうか。なかなか手ごわいな」という感じで、だんだんに折れてきて、「僕は国際政治学が担当だから、ここは君の来るところではないような気がするけれども、僕のゼミに入りたいのなら、それは断らないよ」と言いました。

そして、「ところで、君は大学三年生だよね」と言うので、私は、「そうです」と答えました。

実は、東大では、法学部を卒業すると、そのあと、三年間の助手制度がありました。助手になると、いちおう学校職員になるので給料が出ます。そして、三年後に助手論文（博士論文レベル）を書いたら、助手を卒業し、助教授（准《じゅん》教授）になれるわけです。

これが東大のシステムなのです。助手に残れなかった人は、大学院を受験することになります。大学院へ行って、修士課程二年、それから博士課程三年を終え、博士論文を書いて博士号を取り、そのあと、大学の講師になったり、准教授になったりする道もあるのです。

しかし、優秀《ゆうしゅう》な人を逃《のが》さないようにするため、「学部卒で助手にして、三年後に准教授にする」というのが東大法学部のシステムなのです。そうしないと、当時の大蔵省や日銀その他に人材を抜《ぬ》かれていくので、優秀な人を確保するために、早く出世するシステムをつくっていたわけです。

その先生は私の論文を見て、「ページ数としては少し足りないけれども、レベル的に見たら、助手論文の合格水準はすでに超《こ》えているような気がする。つまり、博士論文のレベルまでは突破《とっぱ》していると思われる。だから、序文を付け、あとがきも付けて、さらに、内容を少し薄《うす》めてもよいのではないか。もう少し分かりやすくなるように、言葉をいろいろと補って内容を希釈《きしゃく》し、長さを二倍ぐらいに引き伸《の》ばしたら、助手論文になる」と言っていました。

私の論文は、助手論文よりも密度が濃《こ》かったというか、はっきり言って、教授が読んでクラクラするぐらい難しかったらしいのです。

私自身のなかに存在した二つのベクトル

その論文を、私の同級生にも何人か読ませてみました。そのなかには、今、東大で政治学の教授をしている人もいたのですが、その友人からは、「難解だよ、君。理解を拒絶《きょぜつ》している」と言われました。私の論文を読んで、「難解だ」と言ってギブアップした人が、今、東大の政治学の教授をしているのです。

一方、私のほうは、大学には残りませんでした。私自身、国際政治学のゼミに籍《せき》を置いたものの、どちらかといえば、政治哲学、政治思想のほうに惹《ひ》かれる気持ちが非常に強かったので、国際政治学は、ズバリ私の希望に合致《がっち》するものではなかったように思います。

「本当は政治哲学のゼミに入らなければいけないのかな」とは思ったのですが、政治哲学の勉強は、ものすごい量になるので、そちらにはまってしまうと、法学部の枠《わく》を完全にはみ出してしまいます。

私自身は、消化力の強い頭脳を持っていて、博覧強記《はくらんきょうき》を誇《ほこ》ってはいたのですが、「あまりにも手を広げすぎたら、さすがに〝沈没《ちんぼつ》する〟」ということは分かりました。そこで、政治学の勉強を中心にしたわけですが、ついでに法律の勉強もすることにしました。

法律のほうは、それほど専門ではなかったのですが、専門学部のとき、同級生の多くが司法試験の予備校に通っていたので、私も半年ほど通ってみたことがあります。はっきりとは覚えていませんが、半年ほど通い、その六カ月間で、六回、一番を取ったので、法律にも、けっこう才能があったのでしょう。そこでは有名人でした。

私の書いた答案が、いわゆるコピー答案となりました。司法試験を受ける人はよくご存じの「最高得点答案」としてコピーされ、配られたのです。

当時は「大川隆法」という名前ではありませんでしたが、今、現役の法曹《ほうそう》として、裁判官や弁護士、検事をしている方のなかには、私の答案を読んで勉強した人がかなりいるのではないかと思います。片手間で法律の勉強をしても、そのくらいは行ける能力があったのです。

しかし、政治哲学のほうは、さすがに文献が大量にあるので、そこに入り込《こ》むと、「それを専門にする以外には、生きる道がなくなる」ということは私にも分かりました。そのため、それに強く憧《あこが》れつつも、深いところまでは行かずに、〝生煮《なまに》え〟のままで残っていたところがあります。

ただ、「根本的なものを求める心」自体は、ずっと残っています。

そのように、政治と哲学の両方にまたがる関心は、私がもともと持っていたものです。そして、哲学のところを、さらに深く掘《ほ》り下げていくと、宗教のところまで行き着くのです。

結局、思想的に原点を辿《たど》れば、「宗教的なるものへ進んでいくベクトル」と、「政治的なものを考えていくベクトル」という二つのベクトルが、私自身の魂《たましい》のなかに存在していたと考えられます。

これは、自分自身のなかに、かなり本質的なものとしてあったように感じました。「この世離《ばな》れした方向に惹かれる自分」と、「この世の政治的なものに惹かれる自分」という、正反対の二つの方向に強く惹かれる自分がいたわけです。

その後、私の過去世《かこぜ》である仏陀《ぶっだ》とヘルメスという二つの魂の傾向性《けいこうせい》が、私の内に潜《ひそ》んでいたことが明らかになったのですが、当時は、それがまだ分かりませんでした。
以上が私の思想的な原点です。

3　人間の幸福とは何か

二種類の幸福感

幸福の科学では、「幸福」ということをテーマにして活動しているので、ここで、「人間の幸福とは何か」ということについて考えてみましょう。

もちろん、現実的でこの世的な幸福の尺度は、いくらでもあると思います。「よい車が手に入ったら幸福だ」「収入が増えたら幸福だ」「結婚《けっこん》できれば幸福だ」など、具体的で身近な幸福もたくさんあるでしょう。しかし、そういうものは、人間として当然考えるべきことなので、いったん脇に置くとしましょう。

もう一段、抽象度《ちゅうしょうど》のレベルを上げて、「自分自身にとって、真なる幸福とは何か」ということを考えた場合、学生時代の私は、大きく言って二つの部分に「真なる幸福」を感じました。

① 活動的生活における幸福

一つは、活動的生活のなかにおける幸福です。「人間としてこの世に生まれて生きている以上、自分の行動を通して、この世において何らかのものをつくり上げ、形あらしめたい。自分がこの世に生きた証《あかし》を後世に遺《のこ》したい」という、この世における自己実現です。

そうした、活動的生活のなかにおける幸福感というものは、やはり、どうしてもあります。「自分の人生を使って、この世に一石を投じ、この時代に自分が生きた証となる、何らかのモニュメント、記念碑《きねんひ》を遺したい」という気持ちです。「この時代に生きた証を、自分の活動を通して遺したい」という気持ちがあり、それが実現される過程において、人間は真なる幸福の一つを味わうことができると思うのです。

この幸福は、やはり否定できないものです。

②観照的生活における幸福

ただ、これだけではなく、もう一つの幸福についても同時に感じていました。それは何かというと、活動的生活に対置される観照的生活、あるいは観想的生活のなかにおける幸福です。こういう幸福が、もう一つあります。

私は、この幸福についても、実は、すでに大学時代に気がついていたのです。

私の著書『太陽の法』（幸福の科学出版刊）などにも書いてありますが、学生時代の私は、世田谷の羽根木《はねぎ》公園の周辺を散歩しながら、いろいろなことを考えたり瞑想《めいそう》したりしていました。梅の花が咲《さ》くといった季節の移り変わりを見ながら、過去の思想家などにも思いを馳《は》せつつ、考えをまとめたりしていたのです。

当時は、まだ霊的《れいてき》な能力を持っていませんでしたが、インスピレーション的に天から思想のようなものが降ってくるのを、散歩中に感じ取り、メモをしたり、いろいろなものを書いたりしていました。そのような、もう一つ別な幸福も感じ取っていたのです。

それは、ある意味での「孤独《こどく》の思想」です。日本で言えば、禅寺《ぜんでら》で坐禅《ざぜん》をしているときに得られる「心の安らぎ」の奥《おく》にある幸福でしょうし、キリスト教的に言えば、修道院のなかでの修道的生活、瞑想的生活に当たるでしょう。

朝起きて、朝の祈《いの》りをし、そのあとは、誰《だれ》とも話さずに黙想《もくそう》して、一日を静寂《せいじゃく》のなかに過ごします。その沈黙《ちんもく》のなかに、神の恩寵《おんちょう》を見いだし、感じ取り、そして、自分の内面を深く見つめていくのです。世間の人から見れば、「なぜ、そのような退屈《たいくつ》な生活をするのだろうか」と思うことでしょうが、こういう幸福もあるのです。

これが、観照的生活あるいは観想的生活、コンテンプラティブ・ライフ（contemplative life）といわれるもので、非常に深いところまで物事を考える生活です。

一方、活動的生活とは、人間の活動を一つのアクション（action）というかたちで捉《とら》えるものです。

これらの言葉は、政治思想家ハンナ・アーレントの思想に基づいています。

人間の行動――レイバー・ワーク・アクション

ハンナ・アーレントの思想では、「一般《いっぱん》に人間の仕事と思われているものには、実は、レイバー（labor）とワーク（work）がある」とされています。レイバーは労働、ワークは仕事ですが、何が違《ちが》うかというと、付加価値の違いなのです。彼女の言葉を使えば、「フライパンで目玉焼きをつくるだけであれば、これはレイバーである。しかし、自分で考えながらタイプライターを打ち、原稿《げんこう》を書いている場合は、これはワークである。そのように、同じ人がすることでも違いがある。それは付加価値の違いなのだ」ということになります。

さらに、彼女は、「人間の行動には、レイバーとワークに加え、アクションがある。この三種類がある」と考えます。

レイバーは、なさねばならない基本的な労働、あるいは作業レベルの行動であり、ワークは、何らかの付加価値を生む知的生産に絡《から》むものです。さらに、アクションというものを入れているわけですが、彼女は、このアクションのなかに、もっと創造的な行為《こうい》としての意味を込《こ》めています。

日本語で言えば「行動」や「行為」としか訳せないアクションという言葉のなかに、深い深い独特の意味を持たせたのです。すなわち、アクションのなかに、実は、「政治的自由」の意味を込めているのです。

人間の行動には、前述のように、まず、生活をするために必要な最低限の動き方、あるいは、生活に奉仕《ほうし》するような仕事があります。それはレイバー（労働）です。

それから、もう少し影響力《えいきょうりょく》を持った、付加価値の高い、いわゆるブルーカラーに対するホワイトカラーの仕事があります。それをワーク（仕事）と称《しょう》します。

さらに、もう一つ違うものとして、アクション（行動）があります。アクションとは、「政治的自由を実現するための行動」を意味します。彼女は、「この行動が尊いのだ」という言い方をしています。

実は、この考え方は、古代ギリシャに戻《もど》っていく思想です。ハンナ・アーレントの基本的な政治思想は、ギリシャのポリスという都市国家における民主政を、一種の理想として描《えが》き、その理想を現代に何らかのかたちで投影《とうえい》できないかということを哲学的《てつがくてき》に追究したものなのです。

アクションとは、要するに、「政治的自由の実現」なのです。

政治の最高の理想は「自由の創設」にあり

ハンナ・アーレントは、「人々は、政治における革命についても、考え違いをしていることが多い。『反乱』と『革命』の違いがよく分かっていない」と考えていました。「圧政や暴政に対して、民衆が立ち上がり、暴力をもって戦う」というようなものは、いわゆる反乱（リベリオン）であって、革命ではないと彼女は言うのです。

「革命」とは、圧政や暴政に対して一揆《いっき》を起こすような反抗《はんこう》、反乱ではなく、

「自由の創設」のことなのです。これが真の革命であり、「自由を創設できなければ、革命としては失敗なのだ」と彼女は言っています。

世の中には革命と称するものはたくさんありますが、革命と称して粛清《しゅくせい》の限りを尽《つ》くすようなことが数多くあります。王政に対してであれば、国王一族や前の政府の人たちを、皆殺《みなごろ》しにしたり投獄《とうごく》したりするようなことがあります。

このようなものは革命ではありません。これは反乱もしくはクーデターのたぐいであり、本当の革命は、その結果として、自由が創設されなければならないのです。

彼女は、政治の最高の理想を、「自由の創設」というところに置いたわけです。では、自由を創設するためにどうすべきであるかというと、彼女は、その理想を古代ギリシャのポリス社会に求めています。

都市国家《ポリス》といっても、当時は、人口が少なかったこともあり、現代で言えば町に毛が生えたぐらいのレベルであって、そう大きなものではなかったでしょうが、ポリス社会では、住民が、政治に参加させられるのではなく、「自らの意志によって政治に参加し、目に見えない何かをつくり上げよう」としていました。

その「目に見えない何か」とは、人々の自由意志によって形成される「理想の共同体」です。「それが、実は、民主政における理想的な政治形態であるのだ」ということです。

要するに、「政治に参加することによって自由を創設することが、人間としての尊い活動であって、人間はそのなかに幸福を感じるのだ」というわけです。

そういう意味での幸福論です。これが、「活動的生活」のなかにおける最大の幸福であるということです。

4　政治参加における「自由と平等」

憲法改正ができないなら国民に政治的自由はない

日本国憲法においては「主権在民」が唱えられています。主権在民とは、どういう意味かというと、「国民の意志によって、自分たちの政府をいくらでもつくり変えることができる」ということです。粘土《ねんど》をこねるように、政府をつくり変えてもかまわないわけです。

「国民のほうに主権がある」ということは、「国民が、自分たちの力によって、政府をいくらでも変えていってよい」ということを意味するのであり、それは、「お上《かみ》によって下々《しもじも》が治められている」という国家観とは違《ちが》うのです。

このように考えると、一つの政治観が見えてくると思います。

「日本国憲法を、一言一句《いちごんいっく》、変えずに死守する」という考えを持つ人もいますが、もともと「法律」というものがあって、それが人間を永遠に支配しているわけではないのです。法律の根本精神としての「ノモス」というものはあるかもしれませんが、結局、この世の政治過程において、住民が参加して自分たちでつくり上げていくもののなかに、法の精神は形成されていくべきなのです。

つまり、法律を自分たちでつくり変えていく自由がないのであれば、それは、政治的自由がないのと同じなのです。

したがって、「憲法を変えることができない」ということであれば、「日本国民には政治的自由がない」ということを意味します。国民が、活字に書かれて出来上がった成文法《せいぶんほう》に縛《しば》られ、拘束《こうそく》されて、動けなくなっているわけです。これは本末転倒《ほんまってんとう》です。

法律というものは、政治に参加する人たちの意志によってつくられ、自分たちが合意した「ルール」です。「これでやっていこう」と合意し、共通のルールの下《もと》に生活を律していこうとする約束事が法律であるわけです。

法律が現状に合わなくなった場合、すなわち、環境《かんきょう》や時代に合わなくなったり、自分たちの生活や幸福を守るのに合わなくなったりしたならば、その法律は、自分たちでつくり変えていくのが当たり前なのです。「まず法律というものがあって、それは絶対に変えることができないのだ」という考え方は基本的に間違《まちが》っています。ここを間違わないようにしなければいけません。

しかし、日本のなかには、いまだに「お上意識」というか、「為政者《いせいしゃ》のほうが偉《えら》くて、民《たみ》は下である」というような意識が連綿とあります。

議員の世襲《せしゅう》は一種の貴族制

日本の国会には二世議員や三世議員などが多いため、今、国会議員の世襲《せしゅう》制限について、自民党や民主党などで議論されていますが、民主主義のもともとの理想から見ると、政治家の世襲には、やや疑問がないわけではありません。

政治家の世襲は、結局、「国民が政治に参加することによって、自由に自分たちの公的空間をつくり上げよう。自分たちの力によって公的領域をつくり上げよう」とする政治的自由を奪《うば》うことになります。世襲制は一種の貴族制と見なしうるので、貴族制政治が続いているのであれば、「自分たちの力によって公的領域を創造する」という幸福が奪われていると言わざるをえません。

もちろん、二世議員、三世議員のなかにも、才能や能力のある人がいるので、これは、世襲議員をすべて排除《はいじょ》する趣旨《しゅし》ではありません。しかし、少なくとも、あまりにも世襲議員に有利になりすぎて、国民から政治参加や政治家になるチャンスの平等が奪われているならば、大きな問題があると思います。

資金的な面については、政治資金規正法等で、いろいろとチェックをしていますが、政治家になるために、多額の資金や親の地盤《じばん》が必要であったり、親が有名人であることが必要であったりするのであれば、世代を超《こ》えて政治的自由を確保し続けることは困難になっていくであろうと思われます。

有力な人が新しく出てきにくいことは、基本的に、あまりよいことではないので、できるだけチャンスの平等を与えなければいけません。政治参加におけるチャンスの平等、政治家になるチャンスの平等を確保できることが望ましいのです。

近年、総理大臣になった人たちを見ても、「もし、親や祖父などが有名な政治家ではなく、自分だけの力で独自に立候補していたとしたら」という条件をつけたならば、総理大臣になれなかった人は数多くいるだろうと思われます。初めから、かなり高い踏《ふ》み台の上に立ってスタートを切っているわけです。

そのため、「本当はその人よりも政治的才能や能力のある人が政治家になれない」というケースが、現実に起きているかもしれません。

これは、ある意味で、憲法で排除している貴族制に当たると言えます。憲法には、「華族《かぞく》その他の貴族の制度は、これを認めない。」（第十四条）と書いてありますが、議員の世襲は、一種の貴族制が認められていることを意味していると思われます。

民主主義大国であるアメリカでも、「ブッシュ王朝」などと言われ、そういうことが実際に起きつつあるので、日本だけが批判されるべきではないかもしれませんが、これは、基本的には、あまり望ましいことではありません。

政治参加の自由と平等は、民主主義の根本にかかわる

幕末に勝海舟《かつかいしゅう》や福沢諭吉《ふくざわゆきち》たち一行がアメリカに行きましたが、そのとき、福沢諭吉が、「初代大統領のジョージ・ワシントンの子孫は、今、どうなさっていますか」と訊《き》いたところ、「さあ、どうしているのか、まったく知りません」と言われたので、度肝《どぎも》を抜《ぬ》かれて腰《こし》を抜かしたそうです。

これは、当時の日本で言えば、「徳川家康《とくがわいえやす》の子孫は、今、どうしていますか」と日本人に訊いたら、誰《だれ》も知らなかったようなものでしょう。徳川時代から明治時代に移るときの思想的なコンバージョン（転回）には、ものすごいものがあったと思います。「ジョージ・ワシントンの子孫の行方《ゆくえ》を知らない」という答えに、「これが民主主義なのか」という強いショックを受けて、当時、その一行は帰ってきたのです。

勝海舟は、帰国後、将軍以下の幕府のお偉方《えらがた》に、「日本とアメリカの違いは、どこにあるのか」と訊かれて、「それは簡単なことです。アメリカでは、能力のある人が偉くなっているが、日本ではそうなっていない。それだけのことです。アメリカでは、能力があれば上へ上がっていけるが、日本ではそうではなく、生まれによって決まっています。違いはそれだけです」と答えました。

実は、これは、民主主義の根本にかかわる大きなテーマなのです。

既成《きせい》権力というものはすぐにできてきます。政治参加と、政治に直接タッチする政治家になるための条件については、常に門戸を開き、できるだけ平等にチャンスを与えることが必要であると思います。特に、政治的なものについては、多くの人の生活や幸福にかかわる領域が大きいのです。

政党であっても、あまりにも長く〝一党独裁〟などが続くと、必ずそこに特権や利権が出来上がってきます。そのため、新規の人がその政党から立候補できなくなる現象が数多く起きています。そのように、本来の民主政の考え方とは違うものが出てきやすいのです。

近代民主主義の美称《びしょう》として、「自由と平等」ということが言われますが、この世の人間の実生活を、現象論、結果論として見るかぎり、完全な自由も完全な平等も実際にはないのです。

自由と平等には、やはり、それぞれ制約がありますが、あえて、「人間は自由かつ平等でなければならない」というものがあるとするならば、それは政治参加においてでしょう。

政治参加の部分において、自由と平等が制度的に保障されていなければ、自分たちの政府をつくり、自分たちの国家をつくり、自分たちが幸福を享受《きょうじゅ》するための統治システムをつくることはできません。

また、私たちは民法や刑法《けいほう》などの法律によって縛られていますが、それは自分たちの選んだ代表たちが合意してつくった法律であるからです。要するに、「自分たちがつくった法律によって自分たちが縛られる」ということをもって、よしとしているわけです。

したがって、「政治参加の自由とチャンスの平等が確保されておらず、既得《きとく》権力が法律などをいくらでもつくれる」ということであれば、これは非常に危険な状態であると思います。

反対者を数多く殺すような革命は肯定《こうてい》しがたい

革命と名の付くものは数多くありますが、例えばフランス革命は〝ギロチン〟の山であり、あの血なまぐささには二百年たっても何とも言えないものがあります。前述のアーレント的なものの考えから言えば、「フランス革命が近代の幕開けであった」という見方には大いに疑問があります。

現象としては、非常に悪いもののなかから、似ても似つかぬものが生まれてきたところはあると思います。

また、アメリカの独立革命は、二百年前の当時の意識から見れば、ローカルな一部の地域で起きたことであり、本来は全世界に波及《はきゅう》するようなものではなかったのです。「革命としては大したことがなかったものが、別な意味で広がっていった」という面があります。

その他、ロシア革命等を見ても、そうとうな死骸《しがい》の山ですし、中国の共産主義革命を見ても、反対する者を数多く殺していて、死体の山です。

したがって、「最終目的さえ達せられたら、途中《とちゅう》の過程はどうでもよい」というような思想は、基本的に間違っていると考えなければなりません。それは革命ではなく、クーデターであり、反乱にすぎないのです。

一方、日本の明治維新《めいじいしん》においては、徳川政権の重臣等、一部には処刑《しょけい》された人もいましたが、政権が替《か》わったにもかかわらず、十五代将軍は生き長らえて、のちに名誉《めいよ》職にも就《つ》いていますし、江戸城《えどじょう》を明け渡《わた》した勝海舟も七十七歳《さい》まで生き延びています。

これは、世界史的に見て非常に珍《めずら》しい「無血革命」であったと思われます。「日本人によって、非常に珍しい革命が実践《じっせん》された」と言うことができます。

政変で政治体制が替わることによって、何百万、何千万の人が死んでいくような革命は、基本的に、善として認めがたいと私は思います。いくら「銃口《じゅうこう》から革命が生まれる」などと言われても、百万、二百万の人が骸骨《がいこつ》になり、されこうべをさらさなければいけないような革命には、肯定《こうてい》しがたいものがあります。

それよりは、前述したように、既得権力で政治が固まってしまわないように、常に政治参加の自由と平等の権利を与えることが大事だと思うのです。

「公的幸福の創造」は人間としての尊い義務

国民一人ひとりも、「政治は自分には関係がない」と思わないでいただきたいのです。本当の平等がありうるとしたら、「投票において一人一票が与えられる」ということ以外にはないのです。そのほかには本当の平等などありません。

この平等はすごいことです。社会的地位は一切《いっさい》無視し、納税額も無視していま す。例えば、納税額が、何億円であろうと、何千万円であろうと、あるいは一円も払《はら》っていなかろうと、一人一票なのです。

公平性の観点から見るならば、これは、ある意味で、かなり〝不公平〟な制度だと思います。

明治時代には、直接税を十五円以上納めている者にだけ投票権が与えられていましたし、女性には参政権がありませんでした。しかし、現代では、性別や収入、地位などにかかわりなく、一人一票が与えられています。成人に達するまでの年《ねん》齢《れい》制限はありますが、それ以外には一切の平等が保障されており、それによって、自分たちの政府をつくることができる権利が担保されているのです。これは、すごいことなのです。

選挙によって、ある意味での「永続革命」「永久革命」が続いていく。これが民主主義の姿であるのです。

そして、政治参加のチャンスの平等が与えられているならば、政治参加の自由を駆《く》使《し》しなくてはいけません。「人間には、尊い権利と同時に、尊い義務もある」ということです。

自分の内なる幸福や家族の幸福という「私的領域における幸福」だけではなく、自らの権利を駆使して政治に参加し、「公的領域における幸福」を自分たちで創造することができるのです。

「努力によって公的幸福を創造することができる」ということは、人間としての誇《ほこ》りであり、栄光であり、この世に生きた証《あかし》でもあります。「自分の有限の人生を、有限ではないもの、不滅《ふめつ》のもの、不朽《ふきゅう》のものにする」という一つの尊い行《こう》為《い》を、この世に遺《のこ》すことができるのです。

古代ギリシャの政治家の潔《いさぎよ》さと寛容《かんよう》さ

古代ギリシャでは、現代のような投票用紙がなかったため、陶器《とうき》のかけらや貝《かい》殻《がら》の裏などに名前を書いて投票したりしていました。そして、陶器のかけらに、追放したい政治家などの名前を書いて投票し、その得票数が多い人は追い出される、「陶片追放《とうへんついほう》」という制度もありました。

この陶片追放については次のような逸話《いつわ》があります。

アリスティデスという当時の有名な政治家が、投票しようとしている人と出会い、その人が困っている様子なので、「何か困っているのですか。お手伝いしましょうか」と声をかけたところ、「追放したい人の名前を書きたいのですが、私は字が書けないので、代わりに書いてくれませんか」と言われます。

そこで、「誰《だれ》の名前を書いたらよいのですか」と訊いたところ、お手伝いしようと言っているアリスティデス本人の名前だったのです。それでも、彼は、「そうですか」と言って、自分の名前を書いて投票したということです。

これは、ある意味で民主主義の原点であり、すごいことだと思います。普通《ふつう》は、「どんな手段を駆使してでも、自分の政治家としての地位を維持《いじ》したい」と思うのが人情でしょうが、その人は、陶片追放という、自分たちがつくったシステムに従ったわけです。

今でいえば、最高裁の裁判官の国民審査《しんさ》などが、これに当たるでしょう。罷免《ひめん》したい最高裁の裁判官の名前にバツを付けて投票し、それが過半数を超《こ》えた場合には、その裁判官をクビにできるわけです。

陶片追放は、それと同じようなものでしょうが、当時の政治家には、自分たちが合意してつくったシステムをいったん受け入れたならば、たとえ、自分のことを追放したいという意見を持っている人の頼みであっても、それを聞き入れ、自分の名前を書いて投票してやるだけの雅量《がりょう》、度量があったのです。「政治家に、それだけの政治意識があった」ということは、やはり、すごいことです。政治をよく分かっていると思います。

「自分たちが参加してつくったルールに従って、自らのあり方を律していく」という潔《いさぎよ》さ、それから寛容《かんよう》さは、見習わなければいけないと思います。

5　水平権力が自由を創設する

権力は垂直になりやすい

本章には、「水平権力の時代」という題を付けていますが、権力というものは、放置すると、とにかく垂直になっていくのです。「上から下へ」という権力構造が必ずできてきます。

これは、時代を遡《さかのぼ》ってみると、いつもそうです。上から下へ、垂直の権力が必ずかかってくるようになります。

為政者《いせいしゃ》というものは、憲法に、「国民に奉仕《ほうし》しなければならない」「公僕《こうぼく》である」「全国民のための奉仕者である」などと、いくら書いてあっても、為政者の立場に立つと、やはり、威張《いば》って権力を行使し、「自分はお上《かみ》であり、おまえたちは僕《しもべ》である」というように考えるものです。憲法などに、「為政者であるあなたがたが僕である」といくら書かれていても、やはり、その立場に立つと垂直権力になりやすいのです。

垂直権力の最たるものは、政治における世襲《せしゅうせい》制や貴族制でしょう。しかし、「公的領域における政治空間で自由を創設することが、民主主義の最大の理想である」ということを考えるならば、やはり、「水平権力」というものを常に考えておかなければいけません。

水平権力とは何かというと、前述した「一人一票」の思想です。「政治に参加する権利および政治家になる権利は、誰《だれ》に対しても平等に開かれていて、それについて身分の差はない」ということです。「士農工商の区別、あるいは、インドのカースト制のような差別はない」ということです。

そういう、もともとの統治者階級のようなものはなく、どのような階層からでも、どのような身分の者からでも、「能力のある者」「才能のある者」「世間の人々の認める者」が出てくることができ、公的領域において自由を創設することができなければなりません。

そのような政治空間をつくり出し、「自分たちの政府をつくり、自分たちの法律をつくることが大事なのだ」という意識を共有していくことが重要です。

そういう水平権力というものを常に持っておかないと、間違《まちが》った革命思想に乗っ取られる可能性が高いのです。

「貧困」を政治的パワーに転化させたマルクス

マルクスという思想家がいます。彼は共産主義の祖のような人です。ただ、マルクスが『共産党宣言』を書き、その後しばらくして、それが世界に浸透《しんとう》し始めたときに、マルクス自身が、「マルクスとマルクス主義は違《ちが》う」と自分で言うほど、人々は、おぞましい動きをし始め、マルクスの意図とは全然違う方向に走っていき始めたようです。したがって、すべてをマルクスのせいにするのは気の毒かもしれません。

マルクスの行ったことのなかで、〝天才的〟と言えることを一つ挙げるとすれば、「貧困を政治的権力として使った」ということです。彼は、「貧困が政治的権力に転化する」ということを見抜《みぬ》いた人、あるいは発見した人なのです。

マルクスが生きていた当時、炭鉱の労働者など、使われる側の人たちには、満足に食べていけない貧しい人が多かったのですが、彼は、「数としては貧困者のほうが多いので、この『貧困』をキーワードにし、政治的に転化して利用すれば、大きな政治運動の力になる」ということを見抜いたわけです。

そして、貧困を政治目的に利用するために、「搾取《さくしゅ》」という言葉を思いつきました。彼は、「あなたがたが貧しいのは、あなたがたのせいではなく、あなたがたの富を搾取している人がいるからなのだ。悪人たちが、本来あなたがたが手にすべき財産を搾取しているために、あなたがたは貧しいのだ。だから、搾取している悪人たちを追放し、搾取されている側が統治者となればよいのだ」と言ったわけです。

これは、一見、民主主義のようにも見えますが、実は違います。なぜなら、ヨーロッパの政治的伝統において、自由という言葉のなかには、極《きわ》めて深いところまで「財産の自由」が入っているからです。

それは、「個人が、自分で働いて貯《た》めた財産を守れる」ということです。「物を買ったり、家を建てたり、子供にあげたり、人にプレゼントしたりするなど、自分が働いてつくった財産を、どのように使おうと自由である」という、この自由権を守るために、ヨーロッパの人々は、実は、かなり長い間、政治的に戦ってきた事実があるのです。

財産というものは、気をつけないと、国家権力によって、すぐに没収《ぼっしゅう》される運命にあります。いくら働いても、強い政治権力から簡単に取り上げられてしまうのであれば、これはミツバチの世界と同じです。「花から蜜《みつ》を集めてきて、蜂蜜《はちみつ》をつくっても、人間がいつのまにか全部を搾取している」という構図と同じになるわけです。

このように、人々は、財産の自由を権力者から守るために戦ってきましたが、貧困層から「搾取している」などと言われるとは考えたこともありませんでした。

マルクスは、この盲点《もうてん》を見事に突《つ》いて、貧困というものを政治的パワーに転化させた人なのです。

貧困をテーマにした革命運動は必ずテロになる

「貧困を救済する」という目的は是《ぜ》としても、ただ、その過程において、マルクスは「革命を成就《じょうじゅ》させるためには、暴力も辞さない。手段は選ばない」ということを言っています。また、「銃口《じゅうこう》から革命が生まれる」とも言っています。中国の毛沢東《もうたくとう》やキューバ革命のカストロ、チェ・ゲバラなどもそうでしょう。そういう思想をつくったために、大量の人が死ぬ結果になりました。

要するに、「悪人たちを銃《じゅう》で撃《う》ち殺さなければ、あなたがたは幸福になれない」という思想を説いたわけですが、この思想は間違いです。たとえ結果が正しいものであったとしても、途中《とちゅう》の過程、プロセス、手段についても、相当であり、社会的に合意されるようなものでなければいけないのです。

例えば、今の日本をフランス革命の時代に戻《もど》したとしたら、どうなるでしょうか。もし、「世論調査で内閣の支持率が十パーセントを切ったら、総理大臣をギロチンにかける」ということになったら、それは〝見世物《みせもの》〟にはなると思います。マスコミは大喜びし、国民も面白《おもしろ》がるかもしれません。「支持率があと一ポイント下がったら、ギロチンにかかるぞ」ということであれば、マスコミは一生懸命《いっしょうけんめい》に悪口を書き続けることでしょう。

しかし、そういう世界はあまりよい世界ではありません。革命の名の下《もと》に、単に暴力を使って、破壊《はかい》したり、殺戮《さつりく》したりすることは、民主主義の持っている本来の使命ではないのです。

民主主義のなかには、「自由を創設する」という意味があります。そして、その「自由」の意味のなかには、個人が汗《あせ》を流して働いてつくった富、財産というものを尊重する考えが入っていることを知らなければいけないのです。

「一生懸命、汗を流し、智慧《ちえ》を尽《つ》くして働いて得た富が、強制的に奪《うば》われていく」ということになれば、やはり、自由がないに等しいと思います。それも、ある意味での圧政でしょう。富を持つ人が一人一票の多数決では勝てないことを逆に利用した圧政であると思うのです。

「貧困」というものを政治テーマとして使った場合に起きるものは、たいていテロです。貧困をテーマにした政治革命運動は、歴史的に見て、必ずと言ってよいほどテロになっています。

したがって、大事なことは、政治参加における権利の「平等」と「自由」を保障することです。

また、軍事政権にしないことも重要だと思います。あくまでも、選挙等で選ばれた文民による統治が行われることが大切です。誰であっても、銃口を向けられたら投票の自由はなくなるので、「軍人に政治をさせない」ということは大事です。この点はしっかり押《お》さえたほうがよいでしょう。

軍人には、軍人としての尊い使命はあります。しかし、「自分たちの運命を、どうするか」ということを決定する権限は、もちろん、国民にあるわけなので、国民から選ばれた文民による統治（シビリアンコントロール）というものを、重要なものとして残しておくことが大事です。

もっとも、国民自身の意志により、自分たちの運命として「滅《ほろ》びたい」と望む場合には、それは「以《もっ》て瞑《めい》すべし」であり、あの世で幸福になることを祈《いの》る以外に方法はありません。

私は、以上のような考え方を基本的に持っています。

「高貴なる魂《たましい》」が政治家になる時代を

本章では、人間の幸福には、「観照的生活における幸福」と「活動的生活における幸福」の二つがあるということを述べました。

宗教法人幸福の科学は、どちらかといえば、観照的生活、観想的生活における幸福を中心にしていますが、現実の生活のなかには、活動的生活における幸福にかかわる部分もあり、両者は完全には切り離《はな》せません。

禅寺《ぜんでら》で瞑想《めいそう》しているだけでは済まない面が、やはり、どうしてもあります。在家の人たちの悩《なや》みや苦しみに関する「抜苦与楽《ばっくよらく》」を行うなかにおいて、活動的生活における幸福を求めなければならない点も出てくるでしょう。それが政治活動へと転化していく面はあるのです。

結局、政治において大事なことは、政治家たちの精神的な意識の高さだろうと思います。「高貴なる魂《たましい》」を持った人が政治家として上に立つことが、多くの人にとっての幸福につながるでしょう。大勢の人の目はなかなかごまかせないものなので、そういう人が選ばれていくような政治は、努力すれば、つくることが可能であると思います。

第2章

政治の理想について

1 時代の要請《ようせい》に応《こた》える「幸福実現党」

「宗教と政治」は「内科と外科」の関係に似ている

世の中では、自民党と民主党の二大政党の政権交代に関する話が去年（二〇〇八年）からずっと続いていますが、世論調査等を見ると、両党とも、もう一つ人気が出ないで苦しい状態です。

幸福の科学は自民党の麻生《あそう》政権を支えてはいたのですが、支持率が低く人気がない政権を支え続けることには、やはり、つらいものがあります。

麻生政権の政策の一部については肯定《こうてい》しているので、応援《おうえん》してはいたのですが、ほかの部分については意見が同じではないところがあり、必ずしも私たちの意見の代弁にはならない面もありました。

そろそろ、自分たちの考えを具体的に反映するかたちでの政治活動ができてもよいと思います。

当会の思想では、「この世の三次元世界を契機《けいき》として、天国と地獄《じごく》が分かれる」という理論になっています。「この三次元の現象世界において、どのような実人生を送るか」ということが、その後、来世《らいせ》の幸・不幸をも分けるので、「この三次元の世界における、人々の苦しみや悲しみ、悩みを、どのように解決していくか」というのは非常に大事なことです。

それを魂《たましい》の慰《なぐさ》めとして解決していく方法もありますが、現実的な問題がネックとなって苦しんでいるのであれば、その問題を処理し、片付けることによって、その人を救っていくことも可能なはずです。

これは、「内科的な治し方と外科的な治し方の両方があるであろう」ということとです。

宗教のほうは、どちらかといえば内科的な治し方であり、心の力を中心にして物事を考え、組み立てていき、問題を解決に導くものです。

一方、政治のほうは、どちらかといえば外科的な治し方であり、この世的な問題について、いろいろと、この世的な力を駆使《くし》して解決していく方法かと思います。政治のほうでは、例えば、具体的な政策、具体的な行動や役割などを通して、世の中を変えていくのです。

宗教が政治にかかわるのは「世直し」の一環《いっかん》

「宗教が何ゆえに政治にかかわる必要があるのか」ということを一言《ひとこと》で述べるとするならば、「世直しの一環《いっかん》である」ということです。「これは世直しです」ということなのです。

「世直し」というものは、宗教において、わりとメジャーな考え方であり、宗派を問わず、いろいろな宗教が、やはり「世直しをしたい」と考えています。

しかし、世直しをするには一定の規模が要《い》ります。小さければ無理なのです。小さい宗教で世直しをしようとすると、弾圧《だんあつ》されて、踏《ふ》み潰《つぶ》されるのが普通《ふつう》です。一定の規模がなければ、世直しそのものは、なかなか、できるものではありません。

幸福の科学は、だいたい、世直しにかかれるぐらいの規模になったと思います。当会は、いろいろな考え方や理念を出していますが、それを具体化して活動するに当たっては、組織としての一定の力が必要です。

今年、当会は、日本各地にある三百以上の支部を年内五百にしようとして、支部の分割を進めていますが、現在、全国網《もう》の支部や拠点《きょてん》は数百、それから、正心《しょうしん》館《かん》などの精舎《しょうじゃ》も数十カ所あり、さらに布教所が約九千あります。

これを、政治的に見ると、実は、かなり強力な組織がすでに出来上がっているのです。私たちの理想を、ある程度、この世において実現するスタートラインに、すでに立っていると言えます。

「あと、足りないのは勇気のみである。今年は、『勇気の法』（幸福の科学出版刊）に基づく、勇気の年でもあるので、チャレンジしてみよう」と考えています。

政治の場合、選挙があり、当選と落選とがあるので、新しい試みとしてチャレンジしても、大成功から大惨敗《だいざんぱい》まで、結果はいろいろあるとは思います。そのため、最初の一歩は、やはり難しく、勇気が要ります。

最初は、結果が見通せなくて、どうなるか分からないものですが、最初の関門を通過すれば、次は先が見えてくるので、そのあとは着実に前進していくことができるでしょう。成功するまでやめずに続けることが大事であると考えています。

勝とうが負けようが「常勝《じょうしょう》思考」で考えればよく、「勝てば、さらに勢いを増し、負ければ、それを反省の材料とし、研究し直して、次回、再度トライする」という考え方でいけばよいと思います。

ただ、現時点で言えることは、「今年の秋には、幸福実現党が、日本の国において、法律的にも政党として認められるのは確実である」ということです。

五月二十五日に政治団体として届け出をしましたが、「国会議員が五人以上いる」「国会議員が一人以上いて、国政選挙での得票率が二パーセント以上である」、このどちらかの条件をクリアすれば、国から政党助成金の交付を受けることが可能になります。この秋には、こうしたかたちで国から認められる政党になるのは間違《まちが》いありません。

その上で、「弱小政党にとどまるか、第一党まで行くか」ということは、これから数カ月の戦いにかかっているのです。

幸福の科学は強気の宗教なので、最初から小さな目標を定めることには、とうていたいものがあります。幸福の科学の応援する幸福実現党は、まだまだ勉強中の身であって、謙虚《けんきょ》でなくてはならないとは思いますが、大義名分としては、衆議院で第一党となり、過半数も確保して、政権がとれるような「備え」はつくりたいと考えています。

新しい政治勢力の登場は「時代の要請《ようせい》」

ただ、「宗教が政治に進出してよいのか」ということは、いろいろなところから批判を受けるかもしれません。

実は、日本の宗教団体のなかで、当会が最高レベルの人材を集めていることは、他宗教も認めています。「総裁の力で発展した」とは言ってくれず、「あれだけの人材が集まったら、どこの宗教だって発展する。あれだけ、優秀《ゆうしゅう》な人材を集めたら、うちだって、もっと発展した」と、悔《くや》し紛《まぎ》れに、ほかの宗教は言っているのです。

客観的な目で見ても、「総裁の力だけではなく、弟子《でし》のほうも優秀なので、教団として発展している」ということは言えるのではないかと思います。

戦後六十数年たちますが、少なくとも、戦後に発生した宗教のなかでは、当会がナンバーワンであることは、絶対に揺《ゆ》るぎない事実です。

戦前の宗教と比較《ひかく》しても、お互《たが》いに、どの程度の内容か、よく分かりかねる面はあるものの、そう後れをとるようなことはないであろうと思っています。

当会の場合、何よりも、「時代にマッチしている」ということが大きいのです。〝旧《ふる》いもの〟はたくさんありますが、時代の要請《ようせい》として、何か〝新しいもの〟が出てくることを、今、人々は待っているように、私のアンテナには感じられるのです。そして、それは、あまり小さなものであってはいけないと思います。

自民党の政権交代用として民主党というものがありますが、世間は、どちらの党にも満足していないように思うのです。

したがって、それらの代わりになるものというと、ある程度の規模の政治的存在が必要になってきます。

そして、「今、それだけの受け皿をつくれるものが日本にあるか」ということを考えたならば、当会が名乗り出る以外に、もう方法はないと思います。見回したところ、当会のほかには、できそうなところが、どうやらなさそうなのです。当会が勇気を出さなければ、あの二つの党で延々とやり続ける以外に選択肢《せんたくし》はないのですが、それは、国民にとって非常に不幸なことであるかもしれません。

「政治に夢がない」ことが問題

もちろん、私たちの活動にも非常に未知数の部分が多く、これから勉強しなくてはいけないことが数多くあるとは思っているのですが、宗教にも、政治への親和性がある宗教と、そうでない宗教とがあるので、「宗教は政治にタッチすべきではない」と言うのは独断がすぎています。

当会は、戦後の、宗教に対する偏見《へんけん》や間違った常識、「宗教は、いかがわしいもの、悪いものだ」という批判と戦い、宗教の評判を上げるために頑張《がんば》ってきましたが、「世直しの一環として、さらに、現実的な活動も加えていきたい」と思っています。

そして、今、「いよいよ最終段階が近づいてきている」と考えている次第です。「宗教が政治にタッチすることは、よいことか、悪いことか」という議論などが、いろいろとあろうかとは思いますが、結局、「結果よければ、すべてよし」なのです。

大事なのは、政治の世界に、新しい理念、新しい風を吹《ふ》き込《こ》んで、浄化《じょうか》し、そして、国民に素晴らしい夢を見せることだと思うのです。

今、「政治に夢がない」ということが問題です。やはり、夢を語れないようではいけません。新しい夢を語れるようなものをつくらなければいけないのです。未来は、予測のつきがたいものではありますが、「未来は、努力すれば、切り開いていくことができる」というのは確かなことです。

したがって、座して何もせず、「未来がどうなるか」ということを占《うらな》って待つよりも、「やるべきことは、やっていく」ということが大事です。やるべきことを着実にやっていく。それは当会の考えにも合っていることなのです。

2　「徳」のある政治家の輩出《はいしゅつ》を

同情や憐憫《れんびん》といった程度の「友愛」では底が浅い

本章では、「政治の理想について」というテーマを掲《かか》げています。大きなテーマなので、本章だけでは、いろいろなことについて数多く語るところまではいきませんが、少なくとも次のことだけは述べておきたいと思います。

「徳のある政治をつくりたい」という希望を私は持っています。政治のなかに、徳の存在というものを、明らかに打ち上げたいと思っているのです。

「政治家に徳がない」ということが、今、問題なのです。したがって、徳のある政治家を数多くつくりたいのです。

幸福実現党では、いろいろな方に声をかけて立候補していただきますが、党の中核《ちゅうかく》メンバーは、十年から二十年、幸福の科学で精神修行を積んできた方々なので、他《た》の政治家とは、かなり違《ちが》うところがあるだろうと思います。

「明らかに徳のある政治家をつくり出していきたい」と考えています。

「愛のある政治」「友愛」ということを打ち上げている政党も、あることはあって、少し紛《まぎ》らわしいのですが、友愛そのものは、信仰《しんこう》がなくても成り立つものです。そのため、言葉は悪いかもしれませんが、例えば、悪魔《あくま》と友愛を結ぶことだって可能ですし、ギャングと友愛を結ぶことだって可能なのです。

その愛の考え方が単に同情や憐憫《れんびん》などといった程度のものであるならば、底が浅いと私は思います。

徳には、「智《ち》」「仁《じん》」「勇《ゆう》」が必要

儒教《じゅきょう》の孔子《こうし》の考えから言えば、徳の発生源は「智《ち》・仁《じん》・勇《ゆう》」です。

「智」とは智慧のことですが、政治的に言えば、これは、「国民を幸福にできる政策として、専門知識を織《お》り込《こ》んだ考え方を具体的に打ち出せるかどうか」ということだろうと思います。

次の「仁」は、当会でいう「愛」に当たるわけですが、これは、「多くの国民を本当に愛し、生かすものになっているかどうか。彼らを守り、育て、そして、素晴らしい人間にしていくような内容を持っているかどうか」というようなことです。これが仁の心でしょう。

それから、孔子は、「徳には勇が必要だ」と言っています。「勇気」の「勇」です。「勇」がなかったら徳は完成しないのです。

「智」だけであれば、学者でも可能です。「仁」だけであれば、人柄《ひとがら》のよい優《やさ》しい人は世の中に大勢います。しかし、「智」だけでも「仁」だけでも駄目で、「智」も「仁」も必要なのです。智慧があり、かつ、人に対して、思いやり、優しさがある人物です。さらに、智慧があって優しい人物に勇気もなければいけない。孔子は、こう述べているわけです。

その勇気とは何であるかというと、「正しいことは『正しい』、間違っていることは『間違っている』」と、はっきりともの申し、実践《じっせん》していく力、行動し抜《ぬ》く力です。

「日本人のいちばん弱いところは、実は、ここだ」と私は思います。戦前のことは知りませんが、少なくとも戦後を見るかぎりでは、日本人のいちばん弱いところは、ここなのです。

日本人は、「わが国は敗戦国である」ということでもって、被害者《ひがいしゃ》意識と、敗戦のトラウマというか、心の傷を完全に負ってきています。そのため、世界に対する責任を取ろうとしませんし、正義ということに関して、あまりにも無頓着《むとんちゃく》な生き方をしています。そして、鎖国《さこく》体制に戻《もど》り、一国平和主義に陥《おちい》っているように私には思えます。

さらには、「『正しいことは何であるのか』を追究するために、具体的行動を起こしたり、発言をしたりする」ということに対して、非常に臆病《おくびょう》であると思います。

「赤信号、みんなで渡《わた》れば怖《こわ》くない」ではありませんが、「ほかの国がみな動くのを見て、それについて動く」というかたちであったのではないでしょうか。

しかし、真に智慧があるならば、「何が正しくて、何が正しくないか」ということを見分けられるはずですし、それを見分け、リーダーシップを取って行動することが、やはり勇気だと思うのです。

この「智・仁・勇」の三つが揃《そろ》って初めて徳が完成すると言われており、その、徳のある人のことを、孔子は「君子《くんし》」と呼んだわけです。

それゆえ、宗教修行を積み、さらに、現実世界でも通用するような専門知識や経験を重ねて世直しのできる人たちをつくり出すことができたならば、君子を数多く世に送ることができるわけです。

それは幸福の科学の願うところでもあると思っています。

私は、徳のある立派な方々に政治家になっていただき、本来の「政《まつりごと》」の姿に戻したいと考えます。政治の「政」と宗教の「祭《まつ》り事《ごと》」は語源が同じです。もともとは神々の祭り事なのです。神々の祭り事を、人間の代表者が、神々に代わって、今、やっているのです。

したがって、政治に携《たずさ》わる人たちには、「神々の代理として、やっている」という気持ちがなければなりませんし、そのためには徳が必要であると私は思います。

マスコミ必ずしも善ならず

ところが、今、「その政治家に徳があるかないか」ということや、「政治家の善悪」というものを判定するのは、マスコミの〝法〟しかありません。

〝マスコミ法〟というものは、成文法《せいぶんほう》ではない〝法律〟です。「こういう場合には善になり、こういう場合には悪になる」と書いたものは何もなくて、そのときに、「記事が売れる」と判断した場合にはその批判は善、「売れない」と判断した場合には記事に書くことが悪になります。それだけのことであり、マスコミ法によって処断されて善悪が決まるのです。

「記事になる」ということであれば、それを追及《ついきゅう》することが正義であるとされます。「記事が売れない」と見たら、それはボツにされ、不問となるのです。

マスコミ法によってのみ、政治家の善悪や徳のあるなしが判定されています。

マスコミ法という言い方が大きすぎるのならば、〝週刊誌法〟と言ってもよいでしょう。週刊誌法によって裁かれ、大臣のクビでも、すぐに飛んでしまいます。筆誅《ひっちゅう》、すなわち、筆で加えられる天誅《てんちゅう》が怖くて、政治家は、マスコミのほうを見て仕事をしています。ちょっとした言葉尻《じり》を捉《とら》え、それを失言と称《しょう》して、マスコミが攻撃《こうげき》したために、大臣が辞《や》めることもあります。

公務員を罷免《ひめん》する固有の権利は国民にあるのです。それは、憲法に書いてあるとおりです。週刊誌にはなく、国民にあり、国民の合意で、それはできるのです。

では、「週刊誌の記事を書いたりしている人たちが、それほど徳のある人たちなのか」といえば、これについて、一度、〝お白州《しらす》〟にて調べてみたい気持ちが私にはあります。反省を深め、神近き心で生活しているのかどうか、見てみたいと思います。

「マスコミ界にも悪魔は入っている」ということが、幸福の科学の一九九一年以降の主張であり、それは、世の中でも、かなり知れ渡ってきました。「マスコミ必ずしも善ならず」ということで、裁判所においても、その間違ったところは処断されることも多くなってきています。

「ほかにするところがないので、マスコミが代わりにやっている」という見方もあるでしょうから、必ずしも彼らが悪いとは言いませんが、その善悪の基準の部分は、やはり、宗教がもう少し担《にな》わなくてはいけないと思います。

その意味では、「信用のある宗教」が出てきて、「徳のある政治家」を実際に出してみせることが、非常に大事なことなのではないかと私は思うのです。

3　公務員削減《さくげん》の前に取り組むべきこと

公務員は仕事の速度を倍にし、行政効率を上げよ

今年、私は、政治関係のテーマの本として、『国家の気概』『幸福実現党宣言』（共に幸福の科学出版刊）を出してきましたが、言い残している論点がまだ少しあるので、追加して述べておきましょう。

一つは、「公務員制度について、どう考えているのか」ということであり、もう一つは、「地方分権、地方自治、道州制などについて、どう考えているのか」ということです。

まず、公務員制度についてですが、私は、公務員そのものが悪いとは思ってい

ません。十分に機能していれば、それは大事な国家の背骨になります。よい仕事をしてくれれば問題は何もないので、「公務員即《そく》悪」とは思っていませんし、全部が無能で無駄《むだ》だとも思ってはいません。

ただ、公務員が肥大化し続けてきたことは事実ですし、その仕事の内容についてのチェックが十分に利《き》いていないこともまた事実ではないかと思います。

しかし、「一律に公務員を削減《さくげん》すればよい」という考えには、私は必ずしも賛成しません。大事なことは、「行政効率を上げる」ということだと考えているのです。

民間の立場で役所とかかわると、やはり、役所の仕事のスピードの遅《おそ》さが、どうしても引っかかってきます。許認可が多すぎて、あまりにも遅いのです。

したがって、法令等も、古くなったり、数が増えすぎたりしているものについては、少しリストラをして、すっきりさせ、手続きを簡単にしていくように努力したほうがよいと思います。

それから、やはり、処理する速度を上げることです。

とにかく、公務員の半数のクビを切る前に、処理速度を二倍に上げるほうが先だと思います。処理速度を二倍に上げて、スムーズに仕事が進んでいくようになったら、結果的に民間の仕事も速く進むので、景気の回復も早くなるのです。

「公務員を取り除かなくてはいけない」というところまで行くのは、実際には最終手段です。

現代においては、行政速度の倍増は可能だと思います。昔とは違《ちが》って、いろいろなツールが非常に発達している時代なので、「物事を速く判断し、決定し、指示する」ということは容易だと思うのです。

公務員削減の前に、まず、行政速度の倍増にトライすべきでしょう。

公務員の評価にも「能力主義」「実力主義」を適用せよ

公務員のなかには、あまりにも平等意識が強すぎて、「誰《だれ》しも能力は同じである」と思っているようなところがあります。

試験で公務員を選ぶときには、能力の差を認めていて、「試験に受かった人は能力があり、受からなかった人は能力がない」という考え方をするのですが、いったん公務員になったあとについては能力の判定が緩《ゆる》いのです。

一般《いっぱん》の公務員もそうですが、教職員でもそうです。「先生」と呼ばれるようになったあとも努力する人はいますが、全員がそうだとは言えません。

公務員になったあとも、やはり、生涯《しょうがい》学習を続け、新しい時代に対応できるような努力を続けていかなくてはならないのです。

新しい事態に対処できるように、さらに仕事のレベルを上げて熟練度を増し、よい仕事をする。そういう気風を、まずは、行政の最高機関である内閣から発信する必要があると思います。

また、役所にはボトムアップ型の仕事も多いのです。

例えば、内閣では閣議をしますが、その前日に事務次官会議が行われ、閣議決定をする内容は、その会議で決まります。閣議は、それを閣僚《かくりょう》全員が読んで納得し、全員一致《いっち》で通すだけです。単なる儀式《ぎしき》、セレモニーになっています。上の人に能力がなくてもいけるようになっているわけです。

しかし、ここはやはり、民主主義の原点に戻《もど》ったほうがよいのではないでしょうか。民主主義の原点は、能力のある人が上に上がっていくことです。

公務員の世界でも、能力のある人が、どんどん上に上がっていけるようにし、ある程度の実力主義を、もっと徹底《てってい》していくことが大事です。

リストラをするよりも、「実力主義で判定し、その役職なり給料なりを査定していく」ということを、もっとドライに行うべきです。

公務員の平等性が、「能力を開発しないでよい。現状のままでよい」というように捉《とら》えられ、そのために、「人員を一律に何割削減」ということになるのであれば、少し問題があるのではないかと思います。

とりあえず、行政の生産性を倍増するように努力していただきたいのです。まず、これが大事です。人数そのものを減らすのは、明らかにその次です。

昔から、「役所に三回ぐらい足を運ばなければ話が進まない」と言われています。三回ぐらい足を運ぶと、やっと、「本気なのだな」と思って、相手にしてくれ、書類などの内容を読んで話を聴《き》いてくれるのです。だいたい、このパターンです。一回だけだと相手にされません。

例えば、「東京ドーム一つをつくるときでも、必要な許認可は千件以上あった」と言われています。

役所の仕事はもっと簡素化しなくてはいけません。どこかがリーダーシップをとって、スピーディーにまとめていかないと駄目《だめ》です。

まず、こういうところを改善することが必要です。

4 「道州制」の導入には注意を要する

道州制の導入で東京と地方の格差は拡大する

公務員の問題と絡《から》めて、「県別ではなく、ある程度、『道』や『州』というものでまとめ、四国は四国、中国は中国、九州は九州、東北は東北などという分け方をする『道州制』にしてはどうか」という提案もあります。

これは、おそらく企業家《きぎょうか》の発想でしょう。企業では、いろいろと子会社をつくり、それぞれ、違《ちが》った業種のグループをつくって、連邦型《れんぽうがた》経営を行うことがあるので、その発想だろうと思うのです。

しかし、行政のレベルでは、必ずしもこれがよいとは限らないと私は思っています。なぜかというと、道州制に変えても、仕事の形式や流れが基本的には同じだからです。

今、さまざまな情報はすべて、最終的には東京に集中している状況《じょうきょう》です。地方に住んでみると分かりますが、東京と地方との情報格差はあまりにもありすぎます。

要するに、地方分権という名で切り離《はな》されてしまうと、東京と地方との格差がもっと開いてくる可能性が高いのです。

また、地方分権や地方自治、道州制を提案することには、いわゆる地方交付税等の補助金をカットする狙《ねら》いもあるようです。そうなると、結果的には、東京と地方の格差は、もっと開いていくおそれがあるので、気をつけなければいけないのです。

道州制導入によって役所や役人を増やしてはならない

地元に合った行政を行うこと自体は悪いことではないので、地方の行政は、現地をよく知っている人がするべきでしょう。

ただ、「新しい役所はつくらない」「地方の役人の数を増やさない」ということが、やはり前提だと思うのです。

道州制にすることによって、例えば、さらに〝中二階《ちゅうにかい》〟の役所ができ、「そこを通さなければ、東京の中央省庁などに行けない」というようなことになれば、はっきり言って、行政速度はもっと遅《おそ》くなります。そして、中二階をつくるために、また役人をたくさん増やすことになれば、これまた税金を余分に使うことになるので、非常に危険度が高いと思います。

もっとも、役人の数は増やさずに、決裁権限などは下ろしていってよいでしょう。「現場に近い所で判断するように権限を下ろしていく。ただし、人数は増やさない」ということが大事です。

気をつけないと、中央部分の表向きの顔だけを小さくし、「小さな政府になりました」と言って、中央官庁のほうだけを少なく見せ、地方でたくさん人が溢《あふ》れているような状況になります。「道州制の導入によって、中二階に人がたまり、さらに、その下でも人がたくさん増える」というようなことでは本末転倒《ほんまつてんとう》なので、騙《だま》されないようによく気をつけなければいけません。

私は四国の徳島県の出身ですが、徳島県から四国の他の三県に行く時間と、徳島県から東京に飛行機で来る時間との差はありません。同じぐらいの時間です。また、今は、携帯《けいたい》電話、インターネットなど、いろいろな情報手段があるので、実際上、時間・空間の問題は、昔の藩《はん》の時代、参勤交代をしていた時代とは、かなり違います。したがって、〝藩政〟に戻《もど》す必要があるかどうかは大いに疑問です。

また、日本は、アメリカのような国土の広い国ではありません。日本全体でカリフォルニア州一州分ほどしかないのです。その意味では、日本の首相といっても、治めている面積から言えば、カリフォルニア州の知事ぐらいです。アーノルド・シュワルツェネッガー氏が、今、日本を治めているようなものなのです。

つまり、道州制に関する議論は、「カリフォルニア州を、さらに分割して統治するか」というような話なので、「これだけ交通手段や通信手段が発達した時代に、そこまでやるのが効率的かどうか」という問題は、やはりあると思います。

外交・防衛には中央集権型が有利

地方自治の基本的な枠組《わくぐ》み自体は、それほど大きく変える必要はなく、仕事の内容のほうで、行政速度を上げることと、仕事の生産性を上げることが必要です。

さらには、採用した時点では優秀《ゆうしゅう》な人が、そのあと優秀でなくなっていくのであれば、それは、新しい時代についての勉強が不足しているわけですから、途中《とちゅう》で、勉強し直す機会を何度も与えていくことが大事です。

地方分権の名の下《もと》に、地方の役人を増やし、一方で中央の役人を減らしてみせて、「公務員が減った」かのように偽装《ぎそう》することは、させてはなりません。

道州制は企業における連邦型経営に当たり、大企業《だいきぎょう》の場合、企業経営的には、この方法しかないことも多いのです。

しかし、企業の場合には、決算というものがあるので、放漫《ほうまん》経営をすれば、すぐに結果が出てしまいます。決算書を見たら、赤字か黒字かが明らかなのです。赤字になったら、当然、人員のカットもあるし、入れ替えもありますが、公務員の世界では、この部分がよく分からないのです。

したがって、役所においては、企業経営における連邦型経営が必ずしも正しいとは言えないと思います。役人が増殖《ぞうしょく》する可能性はかなり高いでしょう。

さらに、日本のように小さな国においては、中央集権型の組織を維持《いじ》するほうが、国家が一丸となって外交に当たる際には非常に有利に働きます。国論をまとめるときには非常に有利なのです。

もともと、日本は、国を強くするために中央集権型をつくってきたのです。これは奈良《なら》時代からずっとそうです。なぜそうしたかというと、外国から国を守るためだったのです。

ところが、今、道州制を敷《し》くと、例えば、特別通商協定のようなものを、九州は中国と結ぶとか、中国地方は韓国《かんこく》と結ぶとか、北海道はロシアと結ぶとか、こういうことが起きかねないわけです。そうすると、「国の外交・防衛をどうするか」というところで、手足が縛《しば》られて動けなくなる可能性が極《きわ》めて高いので、危機管理上は非常に危ないのです。

日本は、国土がそれほど大きな国ではないので、機敏《きびん》な動きをすれば、人口密度の高さと国土の狭《せま》さが非常に有効に働くでしょう。それを十分に使ったほうがよいと私は思います。

5 「公務員制度」と「地方分権」のあるべき姿

行政の生産性を上げるように努力せよ

公務員制度と地方分権について述べてきましたが、ここで整理してみます。

公務員制度については、人減らしもよいのですが、まずは行政効率を上げることが大事です。さらに、公務員は、もう一段、生涯《しょうがい》学習に踏《ふ》み込《こ》むようにしなくてはなりません。

とにかく、行政の生産性を上げるように努力してほしいのです。公務員が半分クビになり、今の半分の人数になるぐらいの改革をするのであれば、その前に、仕事速度を二倍にしてください。やろうと思えば、翌日から二倍になる可能性もあるのです。

役所は仕事が遅《おそ》いので、民間は本当に困っています。ささいなことで引っ掛《か》って処理が進まないことがあるのです。

当会も、土地を買って精舎《しょうじゃ》を建てようとしても、役所側の処理が進まないため、精舎がなかなか建たないことが多く、あきれ返っています。都会では土地代がずいぶん高いので、買った翌日からでも建築に取りかかりたいぐらいなのですが、役所の許認可などで一年ぐらい寝《ね》かされることが多いのです。それほど長くかかるものでしょうか。普通《ふつう》の人の頭で書類を読めば一日で分かるはずです。

とにかく、時間をかけたら、「慎重《しんちょう》に吟味《ぎんみ》した」という結果が残るわけです。役所では、「かけた時間でしか仕事が判定されない」ということなのです。

「裁判員制度」は〝プロ失格〟の制度

日本の裁判にも、同じように、「時間をかけさえすれば、慎重に吟味したことになる」と考えるような傾向《けいこう》があります。

今回、新たに裁判員制度が導入されました。内容についての判定がなかなかできないので、裁判員というかたちで国民を巻き込み、「有罪か無罪か」ということだけではなく、量刑《りょうけい》の判定まで一緒《いっしょ》に行うのです。

「素人《しろうと》を入れて、プロと一緒に判断させる」というのは大変なことです。

これが許されるのであれば、オリンピックの競技の判定に素人が入ってもかまわないことになります。例えば、新体操で、プロの判定員と素人とが一緒に採点を行い、素人は「九・五」、プロは「七・三」などとなったら、「では、平均点で決めましょうか」ということになるわけです。

裁判員制度の下《もと》での裁判官は、プロとしては明らかに失格です。量刑にまで一《いっ》般人《ぱんじん》を巻き込むのでしたら、裁判官の報酬《ほうしゅう》を半額にしていただきたいものです。

また、裁判員制度には、民間の活力を奪《うば》う面もあります。仕事で忙《いそが》しいなか、裁判に出て、勉強もしないといけないので、たまらないところがあるのです。

一般人である裁判員には、量刑に加わることへの恐怖心《きょうふしん》が、けっこうあるでしょう。正しい判断などができるかどうか自信がないのです。

アメリカの陪審員《ばいしんいん》は、重大な犯罪に関して、「有罪か無罪か」ということだけを決めます。そして、量刑については専門家である裁判官が行いますが、陪審員が出した結論には縛《しば》られるわけです。

アメリカの陪審員制度は、「有罪か無罪かだけは一般の人の目で分かるだろう。やはり、一般の人の目、例えば十人なら十人の目は、ごまかせないのではないか。表情や言葉などを見て、『これは嘘《うそ》をついているのではないか。これは殺しているだろう』というような判断は、それほど大きくは狂《くる》わないだろう」という民主的な発想でつくられているのです。

一方、日本の裁判員制度は、アメリカとは違《ちが》い、裁判員に量刑までやらせようとしています。要するに、裁判が十年も二十年もかかることについて、民間人を巻き込むことによって、言い逃《のが》れをしようとしているとしか思えません。これは、ずるい発想です。

この裁判員制度には問題があります。二〇〇九年五月二十一日スタートですが、おそらく、トラブルが続発し、一、二年たったら見直しが始まると思います。

当たり前です。民間人は、それほど暇《ひま》ではありません。会社が潰《つぶ》れかかっているようなときに、量刑までやっている暇はありません。おそらく、この制度は見直しがなされ、膨大《ぼうだい》な作業が、もう一度、始まるはずです。

日本の裁判は三審制《さんしんせい》で、地方裁判所等から高等裁判所、最高裁判所へと上がっていきますが、上訴《じょうそ》される案件が非常に多く、最後の一カ所である最高裁に集まりすぎるわけです。ものすごい数が集まってくるのですが、最高裁には裁判官が十五人しかいないため、一人で大量の案件を抱《かか》え、結局、迅速《じんそく》な処理ができなくなっているのです。下から数多く上げてきたら、そのようになるわけです。

これは、やはり、システムを改善して、「いかに速く処理するか」という点で、〝企業《きぎょう》努力〟をしなければ駄目《だめ》だと思います。

この裁判員制度には揺《ゆ》り返しが必ず来るでしょう。

役所はサービス業と心得よ

私は、公務員改革について、基本的には、「ただ単に人員を削減《さくげん》したらよい」ということではなくて、生産性を上げ、「国民に奉仕《ほうし》する」という本来の姿に戻すべきだと考えます。日本国憲法を読むかぎり、「公務員は、全体の奉仕者である」ということになっています。奉仕とはサービスのことですから、「役所はサービス業に転化せよ」ということです。

民間では、サービスが遅いところは、ものが売れません。

先日、私は時計《とけい》を買いに行きました。店頭に展示してあった時計を見て購入《こうにゅう》しようとしたところ、「今は展示期間中であり、一週間ぐらい、ここに飾《かざ》っておきたいので、今はお渡《わた》しできません。一週間後であれば、お送りできます」という返事だったので、その時計は買いませんでした。

その時計がなくなるとフェアが潰れたり、飾ってある時計なので点検が必要だったりするらしいのですが、一週間も待たなくてはならないのであれば要《い》りません。それで終わりです。それが民間の世界なのです。

役所も、「奉仕」ということを謳《うた》うのであれば、やはり、「サービス業と心得る」ということを大事に考えるべきです。今は不況《ふきょう》であり、無職の人が増えている時代なので、あまり簡単に公務員のクビを切るべきではないと私は思います。

その代わり、能力に応じた差をもっとはっきりさせたらよいのです。能力によって、給料を上げるなり下げるなりしてもかまわないでしょう。能力のある人には給料を多く出し、あまり仕事をしていない人の給料は下げてもかまわないと思います。場合によっては、家族を養い、最低限の生活ができるレベルまで下げてもよいかもしれませんが、簡単にはクビを切るべきではないのです。

地方分権という美名の下《もと》に「仕事の煩雑化《はんざつか》」などを許すな

地方分権という美名の下《もと》に、仕事を煩雑化《はんざつか》したり、遅くしたり、公務員を増やしたりするようなことを許してはいけません。

また、地方分権には、国防・外交において非常に重要な問題を含《ふく》んでいますし、決算書がない役所の世界では、企業経営と同じような連邦《れんぽう》経営はできないのです。

したがって、「道州制のほうがうまくいく」という判断は、必ずしも正しいとは言えません。

ただ、「現場に権限を下ろし、現場が、その土地に合わせた活性化に取り組む」ということは、決して悪いことではありません。

例えば、「千葉県は千葉県で、やりたいことを考え、提案して実行する」ということは、千葉県を分かっている人でなければできないことなので、よいことだと思います。また、「リニアモーターカーを首都圏《けん》に走らせる」ということなど、千葉県を越《こ》えるようなものについては、千葉県知事が首都圏の他《た》の知事たちと相談し合い、協力し合って行う場合もあるでしょう。

そのように、現場に近い声を行政に反映させ、現実化することは大事なのです。ただ、「全体のシステムそのものをいじるときには十分な注意が必要である」ということを述べておきたいと思います。

第3章

政治経済学入門

――国富増大への道――

1　今のままでは「日本の農業」は危ない

日本の食料自給率は低すぎる

本章では、「政治経済学入門」という題で、これまで私が語っていないことを中心に述べていきたいと思います。

まず、農業問題から入っていきましょう。

日本の食料自給率は、二〇〇七年度の統計では、カロリー計算で四十パーセントであり、穀物自給率では二十八パーセントしかありません。

四十年前までは、食料自給率は六十パーセントぐらいあったのですが、徐々《じょじょ》に下がってきて、今、四十パーセントまで来ています。

これは、ある意味で非常に大変なことです。「日本は経済的には強い」と思われているのですが、アメリカやヨーロッパの先進国を見ると、食料自給率は、けっこう高いのです。アメリカは百数十パーセントあり、フランスも百パーセントを超《こ》えています。各国とも、食料による自衛ということを、かなり考えているのです。

日本は、工業製品を外国に数多く売ってきましたが、その代わり、貿易を成り立たせるために、外国から第一次産業の産品を買わなければなりませんでした。そのため、食料の部分をかなり外国に頼《たよ》るようになり、次第しだいに食料自給率が下がってきたわけです。

採算がとれず農業をやめる人が増えている

ちなみに、食料を外国から輸入するときには関税がかかっていますが、この関税を廃止《はいし》した場合、「食料自給率は今の四十パーセントから十二パーセントぐらいに落ちて、農業関連産業を中心に全就業者のうち三百七十万人から三百八十万人が、就業の機会を失うだろう」と推定されています。

要するに、「関税を廃止し、農産物の輸入を完全に自由化した場合、日本の農業は潰《つぶ》れる」と言われているのです。

実際、農業では儲《もう》からないので、農業をやめる人が増えています。

例えば、田や畑などの農地として認められ、本来は耕作されるべきであるのに、実際は放置されている農地（耕作放棄地《ほうきち》）は、約三十九万ヘクタールもあります。ほぼ埼玉県《さいたまけん》の広さに相当する農地が、耕す人が全然いない状態で放置されていま す。つまり、それだけ農家が逃《に》げ出し、どこかに働きに出てしまっているのです。

食料自給率は四十パーセントに落ちていて、しかも、重要な穀物に関しては、二十八パーセントまで落ち、「食」を外国に頼っています。では、日本は狭《せま》いから農地がないのかといえば、そうではなく、埼玉県ぐらいの広さの農地が耕されることなく放置されているわけです。

今、お米は一俵（六十キログラム）あたり、平均一万四千円ぐらいですが、この価格だと、農家は、採算がとれず農業をやめていくのです。一俵あたり一万八千円ぐらいになれば、農業を捨てずに続けることができるのですが、その差は四千円ぐらいあるわけです。

この一万八千円という金額は、国際価格から見たら、かなり高い値段です。では、日本人は、外国の安いお米を買っているかというと、そうでもありません。

外国は、日本に比べると人件費がかなり安いので、外国人は、お米をそれほど高いものだとは思っていません。そこで、安いお米をつくり、日本に売ろうとするのですが、日本人は、なかなか買ってくれません。日本人は、おいしいお米を食べているので、値段が安くても、外国のお米を買わない状況《じょうきょう》が続いているのです。

日本は、以前、米不足に見舞《みま》われたとき、外米をかなり輸入しましたが、倉庫に捨て置かれたものも多く、「なかなか食べてもらえない」という状況でした。

私も、講演会で「外米もけっこうおいしいですよ」などと言ったこともありますが、日本人には、お米に対して妙《みょう》な国粋《こくすい》主義があり、外米をあまり食べないのです。「日本人の口に合わない」と言えば、確かに、そのとおりなのでしょう。

ただ、外国人の口には合っているわけです。例えば、チャーハンのようなパラパラした料理や、カレーのように、汁状《しるじょう》のものと合わせて食べる料理などには、あのパサッとした細長い米のほうが相性がよいのです。

日本人は、コシヒカリやあきたこまちなど、水分を多く含んだモチモチのご飯にカレーをかけて食べますが、タイやインドの人は、「水分をまったく吸わないご飯でカレーを食べるのはおいしくない。ご飯がカレーを吸うからおいしいのであって、水分を弾《はじ》いてしまうようなご飯で食べるカレーは、本当のカレーではない」と思っていることでしょう。これは、もちろん、文化的なギャップです。

アメリカのカリフォルニア州やオーストラリアでは、日本人に食べてもらえるようなお米をつくり始めており、頑張《がんば》ってはいます。しかし、現時点では、なかなか思うようにいかず、いまだに国産米への〝信仰《しんこう》〟が立っているのが現状なのです。

ただ、そういう信仰が立っているわりには、国産米への客観的評価と、「今後、農家は、どうしたらよいか」という見通しは、十分には立っていないと思われます。

今、日本の食料事情は危険な状況《じょうきょう》にある

食料自給率がカロリーベースで四十パーセント、あるいは、穀物で言えば二十

八パーセントという状況《じょうきょう》であれば、「食料」と「エネルギー資源」「鉄などの重要金属」の輸入を止められただけで、戦争をしなくても負けることになります。

今、日本は、国防的には非常に危険な状況にあるわけです。

アメリカは、サブプライムローンの問題以降、経済が低迷していますが、食料自給率は百パーセントを超えているため、飢《う》え死にすることはありません。

ところが、日本の場合は、「飢え死にすることはない」とは言い切れない状況なのです。

日本は、食料の部分を隣《となり》の中国にかなり依存《いぞん》していますが、今、中国は、人口が十三億人から十四億人へと増えてきており、大豆類をはじめとして、しだいに輸出国から輸入国へと変わってきています。やがて食料輸入大国になるだろうと推定されています。したがって、中国からの食料供給がなくなっていく可能性が非常に高いのです。

一方、オーストラリアから食料を買い付けられるかというと、こちらのほうは、外交的に、すでに失敗しています。

例えば牛肉の輸入です。「日本人は霜降《しもふ》り牛肉が大好きである」ということで、オーストラリアは、穀物飼料で育てた霜降り牛肉を開発するなど、頑張っていたのですが、「日本の牛肉とは少し違《ちが》う」と言って、日本人はなかなか買ってあげませんでした。そのため、オーストラリア産の牛肉は、今、中国などへ流れていっているわけです。

将来、肉類が足りなくなったとき、日本は、どうするのでしょうか。非常に心配なところではあります。

このように、食料自給と食料防衛の問題、さらに、農地があっても耕されていない状態などを見ると、やはり、政治のレベルで、考え方として足りないものがあると思います。

補助金をいろいろと出すこと自体は悪いことではありませんが、補助金漬《づ》けになると、たいていの場合、その産業は衰退《すいたい》していき、魅力《みりょく》がなくなって、若い人が寄りつかなくなります。

今、農業人口のなかで、六十五歳《さい》以上の人が占《し》めている割合は六十パーセントぐらいです。六十五歳以上というと、いわゆる老人であり、普通《ふつう》の企業《きぎょう》では、なかなか雇《やと》ってもらえない年齢《ねんれい》に入ります。

「六十五歳以上の人が日本の農業人口の六十パーセントを占めている」ということは、十年後には、それが七十五歳以上になるわけなので、このままでは、農業は、やがて自然消滅《しょうめつ》していくことを意味しています。非常に危険な状態です。少なくとも、若者に人気のない職種であることは明らかです。

今、農家の大半は兼業《けんぎょう》農家です。「何か仕事をしながら土日や夏休みなどに農業をしている」というのが実態です。本当の専業農家というものは、ごくわずかしかいないと言われているのです。

2　国として、「農業再興」に取り組むべき

農村部の青年から起業家を輩出《はいしゅつ》させる

そこで、幸福実現党では、政策の一つとして、「株式会社等が自由に参入できるようにして、農業に魅力《みりょく》を出す」ということを考えています。

しかし、調べてみると、株式会社が農業に進出し、敗退しているケースが数多くあります。

有名な企業《きぎょう》では、精密機械で有名なオムロンや、今、絶好調のファーストリテイリング（ユニクロ）も、農業に進出しましたが、撤退《てったい》しています。

ファーストリテイリングは、「同じ販売業《はんばいぎょう》だから生鮮《せいせん》食料品ぐらいいける」と思ったのでしょうが、衣料と農産物は違《ちが》ったのです。衣料は在庫で持っていても腐《くさ》りませんが、食べ物のほうは腐ってしまいます。この違いは、けっこう大きいのです。職種として性質がこれだけ違うと、同じようにはいきません。そのため、ファーストリテイリングは農業から撤退しました。

一方、カゴメは、トマトの栽培《さいばい》に参入して以来、赤字がずっと続いていましたが、何とか軌道《きどう》に乗るところまで来ています。トマトジュースやケチャップをつくっているカゴメが、トマトの栽培に乗り出すことは、不思議なことではありません。ほかの会社に比べれば、職種的に連続性が高く、また、最終ユーザーまでつながっているので、「どのようなトマトなら、よいジュースやケチャップができるか」ということを真剣《しんけん》に考え、命懸《いのちが》けでトマトの開発に入ったようです。しばらくは赤字でしたが、成功の道に入ってきつつあるようです。

このように、「株式会社が農業に参入すればよい」といっても、それほど簡単ではありません。職業のカルチャーは、そう簡単に学べるものではなく、〝撃退《げきたい》〟されてしまうこともあるのです。

似たような事例は、以前、ほかの業種でもありました。ある鉄鋼会社が、ウナギの養殖《ようしょく》に進出し、失敗したことがあります。製鉄の過程で熱湯が大量に出るので、それを利用し、ウナギの養殖を始めたわけですが、鉄の製造とウナギの養殖とでは、職種があまりにも違いすぎていたのです。「熱湯が使える」ということだけでは無理だったのでしょう。

このように、新しい産業に入る上では、なかなか難しい壁《かべ》があります。現時点では、株式会社が農地を所有するのはハードルが高いため、農地を借りて行うことが多いようですが、そういうレベルでは、大成功というところまでは、なかなか行かないようです。

株式会社が参入するのであれば、ある程度の規模の農地が必要でしょう。効率的に大量に生産し、価格を安くして、競争力の強いものをつくらなければいけないのですが、そこまで持っていくのは、そう簡単なことではないわけです。大資本や技術力のある大企業であればできるかといえば、必ずしもそうではない面があります。

また、精密機械がつくれても、あるいは、流通業界の人であっても、農作物は簡単につくれるものではありません。やはり、農業は農業で、それなりの難しさはあり、専門的な知識や経験がかなり要《い》るのです。

したがって、私としては、「若者を惹《ひ》きつけるためには、株式会社のような組織を立ち上げたほうがよい」と思いますが、「できれば、農村部の青年たちに、起業家になってもらい、その会社の中軸《ちゅうじく》を担《にな》ってもらうのがよい」と思っています。農業においては、やはり、そういう文化・伝統が必要であると思います。

農業に新しい雇用《こよう》を創出し、失業や後継者《こうけいしゃ》問題を解決する

今、失業の時代に入り、職のない人が溢《あふ》れ始めていますが、食料問題の先行きが、今後、厳しくなってくるのが見えているのであれば、やはり、「農業に雇用《こよう》を創出し、食料増産の未来を開いていく」ということは一つの大きな道だと思います。

職のない若者が数多くいる一方、農業は後継者難《こうけいしゃなん》で苦しんでいますし、しかも、将来的に、食料の増産は、どうしても必要で、今のままでは危険であるからです。

さらに、食料の輸入においても、けっこう難しい問題があります。

例えば、今、中国から野菜類などがかなり入ってきていますが、残留農薬など、いろいろな問題が起きています。

また、タコやイカは、アフリカからの輸入も多いのですが、アフリカに万一の

ことがあれば、入ってこなくなるかもしれません。「タコやイカは日本近海で獲《と》っているのではないか」と思いがちですが、国産のものが口に入ることは少なくなってきています。

したがって、食料の問題は、でたらめにやるのではなく、ある程度、将来的な見通しを持って取り組むべきです。また、外交と絡《から》めつつ、日本にとって食料の供給源となるルートを確保していったほうがよいでしょう。食料は戦略物資の一つであり、ここを止《と》められると、けっこう苦しいのです。

衣食住のうち、「衣」の部分は、たとえ着る物が一種類になったとしても、生きていけないわけではありません。しかし、「食」のほうは、「なくてもよい」というわけにはいかないのです。

やはり、食料の供給や維持《いじ》というものは、国家の機能として、非常に重要な任務であると考えるべきです。

食の供給について、もっと考えなければいけません。今の状態であれば、原爆《げんばく》を使わなくても、兵糧《ひょうろう》攻め《ぜ》で日本を攻撃《こうげき》することは可能です。各国が食料の輸出を止めてしまえば、あっという間に日本は干上《ひ》がってしまうのです。

その意味で、新しい雇用の創出をするのであれば、農業分野を、一度、考え直したほうがよいと思います。

農業というとイメージが悪いのであれば、「生命科学」などの、もっと魅力のある言葉に言い換《か》えて、「これは非常に重要な重点分野である」という考え方を、もっと打ち出さないといけないと思うのです。

将来性がなければ、若い人を惹きつけることはできません。老人中心でやっている農業を立て直さなければいけないのです。

農村部と都会の格差を縮めるためにも、農業の再興は不可欠

ただ、実際に農村部を見て回るかぎり、多くの人が住みたいと思うような所ばかりではないことも事実でしょう。

私は、都会派だと思われることが多いのですが、実際は田舎《いなか》の出身です。徳島県の吉野川《よしのがわ》市という所ですが、市町村合併《がっぺい》の前は、川島町《かわしまちょう》という町でした。私の住んでいた町も農業人口はかなり多く、学校の同級生にも農家の子弟はかなり多かったと思います。

そして、新幹線が開通し、東京オリンピックが開催《かいさい》されたころから、高度成長が非常に激しくなり、工場で人手が非常に必要とされるようになりました。そのため、中学卒業で集団就職をしていたのです。四国からだと、おもに大阪《おおさか》方面に出ていました。

当時、地方から大都市に出て就職し、工場などで働く若者は、「金の卵」と言われていました。工場から「一人でも欲しい。労働力を確保したい」と言われるほど、工業の分野では人手が必要とされたのです。そこで、学力があっても高校へ行かず、中学卒業で就職をしている人がたくさんいて、とても重宝がられていました。それほど人手が欲しがられた時代です。

農村部の中学校で一学年が四クラスあれば、一クラスぐらいは就職クラスになっていました。学力的には決して高校に行けない人たちではなかったのですが、農家で家が貧しいために就職した人はかなりいたのです。

学校の先生が、「学力があるので、高校へ進学させるように」と親に勧《すす》めても、「やはり収入が要る」ということで、工場に勤めていった人たちは、かなりいました。「奨学金《しょうがくきん》を取れるから」と言って説得しても、「給料のほうがよい」と言うような時代だったのです。やはり農家は厳しいものだったと思います。

特に、長男や次男など、兄弟でも上のほうになると、まず就職しなければいけなくなります。たいていの場合、上から就職していき、下の三男や四男になると、だんだん学歴が上がってくるのです。上の子が働いてくれると、下のほうの子は上の学校に上がれるわけです。「上が中卒で就職すると、その下が高校まで行け、さらにその次は大学まで行ける」という感じになることが多かったと思います。

私は、中学時代、自転車で二キロ余りの道のりを通《かよ》っていましたが、梅雨時《つゆどき》の雨の日は本当に嫌《いや》でした。道路の両側は水田であり、カエルが水田から出てきて、道路の上でガコガコと一斉《いっせい》に鳴いていたからです。これを避《さ》けて走るのは至難の業《わざ》で、ものすごい技術が必要です。

行きは明るいので、まだよいのですが、日が暮れてから帰ってくるときには、カエルを避けて通れないのです。

このような田舎に私も住んでいましたし、同級生にも農家が多かったので、農家の人の気持ちはよく分かるつもりです。

私の父親は徳島県庁に長らく勤めていましたが、仕事は、農家の経営指導でした。畜産《ちくさん》コンサルタントの資格を持ち、「どうしたら農家の収入が増えるか」ということを、一生懸命《いっしょうけんめい》、指導していたのです。しかるべき所に出ていくと、「先生、先生」と呼ばれていたのを覚えています。

父は、農家の仕事を、もっと儲《もう》かるものに変えようとしていたようです。田畑のほうでは十分に食べていけなくなった農家に対し、養鶏《ようけい》や酪農《らくのう》などに替《か》えていく方法を指導しながら、県内のみならず、四国四県をよく回っていました。

また、休日には論文も書いていて、前述したような米の問題等について、父親が書いていた論文を読んだ覚えも私にはあります。

父は中央官庁に対して二重価格制度を強く主張していました。「消費者は高い米を買わないので、国が高く買い上げて、安く売るしかない。したがって、二重価格制度は、やむなし」ということを一生懸命に書いていたのです。

私は、それを読みながら、「地方の立場から見れば、そうだろう」と思いつつも、「中央の立場から見たら、税金の負担がなかなか重く、きついと考えているだろう」と思っていました。

しかし、父としては、やはり言わざるをえなかったのでしょう。「これを言わなければ農家が次々と潰《つぶ》れていく」と考えていたのだと思います。

父の主張は論文等で活字になり、発表されていましたが、私は「そう簡単にはいかないだろう」と思っていました。

やはり、農業は、しだいに衰退《すいたい》してきています。誰《だれ》しも農業より工業のほうを選ぶのです。「工場のほうがまだよい。工場よりはホワイトカラーのほうがよい。さらに、都会に勤めると、もっとよい」という感じでしょうか。

したがって、農家あるいは農村の振興《しんこう》といっても、極《きわ》めて難しいものがあると思います。おそらく、それは職業上の問題だけではないでしょう。社会的な尊敬から始まって、情報、人生としての楽しみ、その他、いろいろな問題があるのだろうと思います。

長らく、中央から地方に、地方交付税と称《しょう》して補助金を分配していたわけですが、地方の人から言わせると、逆に、「せっかく教育して優秀《ゆうしゅう》な人をつくったと思ったら、みな東京へ行ってしまって帰ってこない」ということなのです。

今、この世的に「偉《えら》い」と言われる人のほとんどは、東京二十三区内に住んでいます。近郊《きんこう》の千葉県や埼玉県《さいたまけん》、神奈川県《かながわけん》などの通勤圏《けん》に住んでいる人も少しいるでしょうが、有名な人は、ほとんど東京二十三区内に集結しています。

東京は、それほど住みよいわけです。地方では人材を供給しているのに、実家は潰れ、農業は潰れ、店は潰れ、地元の中小企業は潰れていきます。「東京に人材を送り出しているのに、何も返ってこない」ということで、「せめて税金ぐらいは地方に分配して埋《う》め合わせをせよ」というような面もあったと思います。

ただ、この格差は、日本が知識社会として進化していく過程において、ある意味で、ますます開きつつあるかもしれません。

したがって、農業の梃子《てこ》入れには重大な使命があると思います。

有機農業・無農薬栽培《さいばい》にこだわりすぎるな

では、国として、この問題に、どう取り組めばよいでしょうか。

今のところ、政府は無農薬栽培《さいばい》や有機農業に注目しているようです。

二〇〇六年に「有機農業推進法」ができ、二〇〇七年には、二〇〇一年に施行《しこう》された「食品リサイクル法」が改正されています。

今、日本人の間には、「有機農業は健康によく、環境《かんきょう》にも優《やさ》しい」というような一種の信仰《しんこう》が成り立っていて、「有機農業については反対しない」という風潮ができています。

そして、「生ゴミや弁当の食べ残しなどを回収し、肥料などとして再利用すれば、有機農業が進み、かつ、ゴミ問題も解決する。一挙両得でうまくいく」という思惑《おもわく》から、今、推進されているのです。流れ的には、そういう方向に向かっていて、「有機農業」というと、反対する人は、ほとんどいない状況《じょうきょう》にあります。

ただ、本当のことを言うと、有機農業は非常に大きな問題を含《ふく》んでいます。有機農業への神話は、崩《くず》れる可能性が極《きわ》めて高いと思います。

これは、農業を知らない都会の人たちの発想が中心です。農家の人が、「有機農業は、いかに素晴らしいか」ということを見せるために、土をすくってなめたり、ミミズがピンピンと跳《は》ねている姿などを見せることがよくありますが、それを見ると、都会の人は「有機農業は素晴らしい」と思ってしまうわけです。

しかし、私のように、田舎で育ち、ミミズを餌《えさ》にして魚を釣《つ》っていた人間であれば、「ミミズがどこに生息しているか」ということは十分に知っています。ある種のミミズは、生ゴミの下やゴミため、泥水《どろみず》のなかなど、汚《きたな》い所ばかりにいます。つまり、「ミミズがたくさんいる」という状態は、「その辺りには、非常に悪臭《あくしゅう》が漂《ただよ》うような環境があることが多い」ということを意味しているのです。

有機農業というものは基本的に「臭《にお》う」のです。有機物は、発酵《はっこう》が十分に終わった段階では臭わなくなりますが、発酵前は臭います。その臭うことが素晴らしいと思って、「自然に優しく、環境に優しく、人間にも優しい」と信じ込《こ》んでいる人がいるわけですが、必ずしもそうとは言えず、実は非常に〝汚い〟こともあるのです。

もっとストレートに言えば、今の有機農業は、ほとんどが、動物のし尿《にょう》、すなわち、動物の尿や糞《ふん》から成り立っています。

私の小学校時代であれば、農家の友達の家に行くと、人間の〝有機肥料〟を使

っていました。人間の〝有機肥料〟を使って、キャベツや白菜などをつくってい
るところを見たら、食べる気がとても起きなかったことを覚えています。
有機農業の本質は、そのようなものです。もちろん、現在では、人間のものは
使っておらず、牛糞や鶏糞《けいふん》などですが、基本的には、だいたい似たようなものだ
と考えてもよいと思います。
結局、何が言いたいかというと、「有機農業は必ずしも安全とは言えない」と
いうことです。
実は、今、世界的に心配されているパンデミック（感染症《かんせんしょう》が世界的に流行する
こと）は、一説では、「有機農業を進めると、発生率が高まるのではないか」と
言われています。
〝エコ信者〟は有機農業を一生懸命に持ち上げていますが、いわゆる鳥インフ
ルエンザや豚インフルエンザなどの感染症は、動物のし尿を介《かい》しても広がるので、

有機農業が進めば進むほど、感染症がいろいろな所で流行《はや》りやすくなるわけです。

さらに言えば、有機農業を進めると、土のなかに含まれる窒素《ちっそ》の量が多くなりすぎるのです。自然界に本来あるべき量を遥《はる》かに超《こ》えた窒素化合物が蓄積《ちくせき》され、栄養分が過剰《かじょう》な状態になることも、さまざまな感染症が広がる一因となります。

今、流れとしては、有機農業のほうに向かおうとしていますが、「将来的には、危険度は十分に高い」ということが言えます。

さらに、無農薬ということも、非常によいことのように宣伝されていますが、これにも怖《こわ》い面が多々あります。「無農薬でありさえすれば安全である」という言い方をしやすいのですが、無農薬の野菜であれば、いろいろな寄生虫、菌類《きんるい》などが、生きている状態で付いていることもよくあるのです。これは、日本人のように生野菜をたくさん食べる国民にとっては、危険度が非常に高くなることを意味しています。

農薬のなかには人間にとって有害なものもあるので、それは、よくチェックしておかなければいけませんが、「農薬そのものが完全に悪い」と頭から決めつけるのは考えものでしょう。

大規模農業を始めるに当たっては、やはり、有効な農薬も、ある程度は使わなければいけません。手づくり型の無農薬栽培にこだわりすぎると、厳しいものがあるように思います。

食の安全を守りながら農業の振興《しんこう》を

今、アメリカなどでは、トウモロコシは、人間や動物の食べ物のみならず、ついにエネルギー資源と化しつつあります。

石油に代わる燃料として、バイオエタノールという、トウモロコシを発酵させたものがつくられています。石油を持っているアラブの国から脅《おど》されないよう、エネルギー自衛のために、トウモロコシを燃料化しているわけです。

そして、このトウモロコシには、実は、栽培や保管の過程で、毒素を出すカビが発生することがあるのですが、現在、アメリカでは、カビに汚染《おせん》されていないトウモロコシを優先的にバイオエタノール用として使っているようです。

つまり、日本に輸入されるトウモロコシの安全性が、今、懸念《けねん》されているわけです。もし、汚染されたトウモロコシが家畜《かちく》などの飼料に使われたりすると、有毒物質が家畜の肉のなかに入り、次には人体に入ってきます。そのため、そういう危険性も考えなければいけません。

さらに、最近流行《はや》ったノロウイルスは、もともと貝にあるものではありません。「人間界から出たノロウイルスが、二枚貝のなかにたまり、その貝を食べた人間の体のなかで増殖《ぞうしょく》し、中毒を起こす」というかたちなのです。

「人間界から出た排水《はいすい》が河川《かせん》や海を汚染し、そこで生活している生き物に汚染物質がたまっていく」という状況もあるわけです。

「食の安全を守る」ということは、実際には非常に難しいことです。「食の安全を守りながら、かつ、この業界において産業を振興《しんこう》させて、雇用を生み、多くの人たちに希望を与えることは、極めて困難な仕事である」と思います。

しかし、そのような困難な仕事であるからこそ、一個人や一企業ではできないような「大きな力」でもって動かなければならないと考えています。

農村を再活性化させる上で、宗教は大きな役割を果たす

若者がいなくなった村や町には魅力がありません。おそらく、農業の振興だけではなく、いろいろな、文化的なものの再構築も併《あわ》せて、村おこしをしないかぎり、農村は再活性化していかないだろうと思います。

私たちは、宗教をバックボーンにして、政治に進出を果たそうとしていますが、

農村の再活性化における、宗教の持つ機能には、非常に大きいものがあると思います。

人間にとって、つらいことは、「お金をくれない」「補助金がない」「病院に入れてもらえない」ということだけではありません。人間間のネットワークがなくなり、コミュニケーションがとれなくなることが、非常につらいことなのです。

したがって、政治の一方の側面として、宗教などが人間間のネットワークを強くし、お互《たが》いに助け合うカルチャーを地域に根づかせていくことが、非常に大事です。過疎《かそ》地《ち》、あるいは、所得が低い世界に住んでいる人たちにとっては、助け合いのカルチャーを強くつくっていくこと、そういうコミュニケーションを強化していくことが、非常に大事であろうと思います。

宗教は一つの大きな「人のネットワーク」です。このネットワークのなかには、あらゆる産業、業種の人々が参加しています。

そのため、いざというときには、国家という、上から来る垂直権力、つまり、法律や行政命令等で物事を動かせる垂直権力とは違った意味での「水平権力」として、お互いの出身や業種、立場などを超えて助け合えるネットワークをつくれると思っています。宗教と政治の両者が補い合わないと、弱者の救済は十分には成り立たないと思います。

決して、お金をばらまくだけでよいわけではありませんし、年を取ったら病院などに入院させればよいわけでもありません。

例えば、当会は全国各地で伝道活動に取り組んでいますが、お年寄りにとっては、毎週、話をしに来てくれる人、自宅に月刊誌を届けに来てくれる人、いつも安否を気遣《きづか》ってくれる人など、話し相手がいて、いざというときには電話をかける先があること、そうした信者が近所にいることは、とてもありがたいことでしょう。

こういうネットワークは、いわゆるＮＰＯ（非営利団体）に相当するのかもしれませんが、宗教は、垂直権力の発想では対応が難しい面をカバーする力を持っているのです。

したがって、私は、垂直権力と、水平権力とでも言うべき「横のネットワーク部分」とがかみ合わさって初めて、理想的な社会、理想的な国家が成り立つのではないかと考えます。

人と人との優しい「結びつき」や「助け合い」の部分なしに、すべてを国家の予算だけで片付けようとするのは無理でしょう。「何か不都合なことがあれば、補助金を増やしましょう。病院を増やしましょう」などという対応だけでは不十分であり、やはり、その根底には、「人間同士の助け合い」というものが流れていなければいけないと思います。

3　「食料増産」により、世界の食料問題を解決せよ

今後は「水耕栽培《さいばい》型の農業」もありうる

農業の再興については、国の防衛の面から見ても、「世界の人口が、今後、爆《ばく》発的《はってき》に増えていく」という未来予測の面から見ても、当然、考えなければいけません。

世界の人口が増えながら人類が幸福に過ごしていくために、食料問題は、必ず解決しなければいけない問題です。

これを解決できないと、「レミングの大量死」のようなことが起きるかもしれないのです。すなわち、多くの人々が、潜在《せんざい》意識下で、「人口が増えすぎたから、

もう少し減ってほしい」と思い、「天変地異や災害、戦争が起きたり、悪い病気が流行《はや》ったりして、大勢の人が死なないかな」などと期待するようになると、現実に、そういう悪い出来事がいろいろと起きてくるのです。

人口問題においては、最初に食料のところが問題になるので、やはり、食料増産への道を開いておくべきです。

前節では、有機農業の危険性を指摘《してき》しましたが、「有機農業は、すべて駄目《だめ》である」と言っているわけではありません。確かに、よい面もあります。誤解されてはいけないと思うので、もう一度、述べておきますが、「有機農業が〝ゴミ廃《はい》棄場《きじょう》〟にされている面もあるので、この点において、かなり危険度が高い」ということを指摘しているだけなのです。

私は、有機農業に代わる一つの選択《せんたく》として、土がなくてもできる「水耕栽培型の農業」も今後はありうると思っています。工場のなかで野菜やイネを育てる研究がなされ、実用化が進んでいますが、そういうかたちでの進出の仕方であれば、株式会社形態でもそうとう可能でしょう。

水耕栽培型には、いざというときに、食料防衛上、非常に有利な面があります。「工場のなかで食料をつくる」ということであれば、外から見ても分からないので、防衛上も非常に有利な点があると思います。

アフリカなどの国を「豊かな農業国家」へ導く

いずれにしても、私は、「食料の自給率が四十パーセント」という今の状況《じょうきょう》は、よくないと思っています。やはり、いざというときのために、六十パーセントから七十パーセントぐらいの自給率は確保しておいたほうがよいと思います。

発展途上国《とじょうこく》から農産物などを買ってあげなければいけないので、百パーセントの自給は無理だとは思いますが、やはり、少なくとも五十パーセント以上の自給率は必要かと思います。特に、おもな食料の自給率を上げることが大事です。

あとは、日本と友好関係にあり、共に発展していきたいと思うような国に対し、日本人の嗜好《しこう》に合うものをつくってもらえるように指導していくことも大事です。そういう増産への取り組みも戦略的にしていくべきだと思います。

例えば、アフリカのある国を豊かな農業国家に変えていこうとしたら、インフラなど、いろいろなものが必要でしょう。まず、農業に使える水を確保するところから始めないといけないので、井戸《いど》を掘《ほ》る技術や、海水から真水をつくる方法などを教えないといけないでしょう。さらに、農業指導も必要でしょう。

いずれにしても、食料の増産によって、農村部に夢を与えると同時に、国防にも生かせる面をつくっておくことが大事であると考えます。

養殖《ようしょく》技術を進め、魚資源を確保せよ

さらに、漁業のほうにも、まだまだ未来はあると思います。

例えば、近畿《きんき》大学のチームは、マグロの養殖《ようしょく》に成功し、「養殖施設《しせつ》内で、人工孵化《ふか》させ、稚魚《ちぎょ》を育てて成魚にし、出荷する」ということができるようになっています。

今、傾《かたむ》いている漁業の再興の道として、養殖技術を進め、将来的に不足すると予想される高級魚などの養殖を増やすことは、ありうるように思います。

マグロは、「空飛ぶマグロ」とも言われ、地中海などから飛行機で空輸されているような状況であり、今、値段が高くなっています。

また、最近、海外では日本食が流行《はや》っているため、世界各地で、マグロを食べる人がかなり増えてきています。食の文化が変わってきているわけです。

世界の人口が増えていくと、将来、魚の資源も不足してくると予想されるので、この部分も確保しなければいけなくなるでしょう。

以前は、現実問題として、魚をあまり食べない国も多かったので、アフリカ沖《おき》や南米沖などで魚をたくさん獲《と》ることもできたのです。しかし、魚をあまり食べなかった人たちが食べ始めている上に、人口も増加してきているので、魚資源の確保も、しだいに厳しくなってくるだろうと思います。

やはり、魚の養殖技術を研究していかなければなりません。

ただ、ここにおいても、同じく、「健康によいかどうか」という研究を進めておく必要があります。

例えば、「風邪《かぜ》をひいたら養殖の魚を食べたらよい」と冗談《じょうだん》で言われるぐらい、養殖の魚のなかには、抗生《こうせい》物質漬《づ》けになっているものもあるようです。育てている間に病気で死ぬと困るので、抗生物質を大量に与えるケースもあるわけです。

「養殖の魚を食べると病気が治る」というのは、おかしな話ですが、これは単なる冗談ではありません。養殖の魚のなかには、抗生物質を大量に〝食べている〟魚もいるようなので、人体への影響《えいきょう》などについては、まだ研究する余地があると思います。

ただ、養殖自体は、やはり、行っていく必要はあるでしょう。近海で魚を増やしていく努力をしなくてはいけないと思います。農産物に加え、魚の部分も、食料防衛上、押《お》さえておきたいところです。

日本の農産物を世界に輸出する努力を

それから、牛肉などの問題もあります。

日本の牛肉は、外国に比べ値段が非常に高いのですが、確かに高品質であることは事実です。最近では、ニューヨークのトップクラスのホテルでも、神戸牛《こうべぎゅう》などのステーキを出すようになり、アメリカ人も、日本の牛肉のおいしさを、かなり分かってきつつあるようです。

以前、雑誌「ニューズウィーク」を読んでいたところ、あるアメリカ人の記者が、「日本産の霜降《しもふ》り肉のステーキを食べたら本当においしかった。こんなおいしい肉を日本人は食べているのか」というような記事を書いていました。

その記者は、「アメリカは肉文化であり、ステーキをよく食べているから、牛肉については、アメリカが本家であり、上である」と思い込《こ》んでいたのでしょう。そのように、食べたことがないものについては、普通《ふつう》は分からないのです。

日本では、柔《やわ》らかくておいしい霜降り肉をつくるために、牛にビールまで飲ませています。牛一頭を育てるのにも、そうとう技術を使っているのです。「牛にビールを飲ませる」というのは、アメリカ人には考えられないことでしょうが、日本人は、そこまで努力をして、付加価値の高い牛肉をつくっています。

また、牛肉以外にも、日本が世界に誇《ほこ》る農産物は幾《いく》つもあります。例えば、日本のイチゴは世界の最先端《さいせんたん》を行っています。あれだけ瑞々《みずみず》しくて甘《あま》いイチゴをつくれるところは、ほかには、あまりありません。桃《もも》もそうです。特に白桃《はくとう》は、世界に誇るようなレベルにあります。

このように、日本の農業は世界の最先端を行っています。自動車産業などと同じように、農業も技術的には世界最高のレベルまで来ているのです。

日本の農業をきちんと確立し、農産物を、高付加価値商品として、むしろ輸出するぐらいの努力をしたほうがよいでしょう。

「輸出する」ということであれば、個人の力では少し無理です。しかし、企業《きぎょう》が農業に入ってこようとすると、農業関係者は、「企業に農業が分かるか」と言って、とても嫌《いや》がりますが、外国にＰＲしたり輸出したりするのは、個人の力では無理になってくるので、この部分については、協調していく努力が必要ではないかと思います。

「食料の増産も一つの国富の増大である」ということを、どうか見落とさないでいただきたいと思います。

例えば、ユニクロなどは中国の縫製《ほうせい》工場で衣料をつくっていますが、もし衣料が輸入できなくなったとしても、私たちは死にはしません。衣料の値段が高くなるかもしれませんが、死ぬことはないはずです。しかし、食料は、いざというときに国内に入ってこなくなると、人間は生きていけなくなるのです。

「食料の確保・増産は重要な問題である」と考えていただきたいのです。

4　日本の国富を増大させるには

「他の国の産業を育てる」という使命感を持て

続いて、経済学のほうに入りたいと思います。

日本は、貿易において「輸出立国」の立場を長らく取ってきましたが、これからは、日本製品を外国に買ってもらうためにも、「他の国の産業を育てなければいけないのだ」という使命感を持つ必要があります。「他の国の産業を育て、導く」という先生役としての労を厭《いと》ってはならないと思います。

他の国のものを買うことで、その国を富ませ、日本の製品を買ってもらえるようにしていくことです。互《たが》いに売買をすることで経済は大きくなっていくのですから、そういう努力をしなければいけません。

それが貿易による「国富増大への道」であると思います。

「片方には、売るものが何もなく、片方には、売るものが数多くある」という一方的な関係では、やはり、国対国の貿易は成り立っていきません。「片方が完全な赤字で、片方が完全な黒字」という状態だと、貿易は長くは続かないのです。

したがって、相手の国にも産業を興《おこ》してあげなくてはいけません。

日本は「航空機産業」「宇宙産業」を開拓《かいたく》せよ

先進国の戦略としては、次のようなことが大事であると思います。

発展途上国《とじょうこく》に対しては、将来、自分たちが必要になると思われるものをつくってもらえるように、指導していくことです。「将来、こういうものが必要になる」と思うものがあれば、お願いをして、それをつくってもらうようにし、自分たちは、さらに高度なものへとシフトしていくことです。

日本の工業はかなり進んでいますが、航空機産業や宇宙産業は、まだ十分ではないので、ここを開拓《かいたく》しなければいけません。

日本はサービス業もかなり進んでいると思います。アメリカはこの最先端《さいせんたん》を行っていましたが、金融工学において躓《つまず》き、「金融工学による富の創出は本物かどうか」ということが、今、疑われています。

これについて、一言、述べておきましょう。

まず、農業・漁業などからなる「第一次産業」があり、次に、「第二次産業」の工業が発達して工業国に発展し、さらに進んでいくと、サービス業・商業という「第三次産業」を中心とした国へと進化していき、それに併《あわ》せて国民の所得が増えていくのです。

先進国になると、第三次産業が増えてきます。そして、最先端まで行くと、金融工学を駆使《くし》し、コンピュータと数字の操作だけで〝飯が食える〟ようなところまで行くのです。サービス産業も、最後はそこまで行くわけですが、「これは、実体があるのか、ないのか」という問題があるのです。

世界同時不況《ふきょう》については、「資本主義は必ず行き詰《づ》まる」という、マルクスの予言が当たったかのような、左翼側《さよくがわ》の〝大歓迎《だいかんげい》〟が起きていて、今、マルクスの亡霊《ぼうれい》が立ち上がるかどうかが問われていると思います。

確かに、ある意味で進んではいるのですが、第三次産業がさらに先端化《せんたんか》し、より効率よく金儲けをすることばかりに国民が専心し始めると、国が空洞化《くうどうか》して弱くなるので、ここは気をつけなければいけないと思います。

特に、アメリカのように食料自給ができる国であれば、バブル破裂《はれつ》など、いざというときでも食べていけますが、食料自給率の低い国で架空《かくう》の商売ばかりが増えていったら、危険度は高いと思います。

日本のマスコミは経済が分かっていない

先般《せんぱん》、あるテレビ局の経済ドキュメンタリー番組で、アメリカのこの失敗について取り上げていました。

アラン・グリーンスパン氏は、十八年余りにわたり連邦《れんぽう》準備制度理事会（ＦＲＢ）議長を務め、金融界のリーダーとして非常に尊敬されていた人です。「そのグリーンスパンが、なぜ、最後になって大不況を招いたのか」ということについて、原因を追究していました。

その番組では、「今回のバブルは、ルービン財務長官（クリントン政権）の時代から始まっていた。ドル高政策をとり、世界のお金をアメリカに集め、借金を増やしながら消費経済を起こし、膨《ふく》らませていったが、それをグリーンスパンが放置したため、バブルになって弾《はじ》けた。その結果、国家が財政出動をして穴埋《あなう》めしなければいけなくなった」というような結論を出していました。

そして、グリーンスパン氏が「謎だ」（conundrum）と言ったことを、大きくクローズアップしていました。

連銀が介入《かいにゅう》できるのは短期金利のところです。そして、通常、長期金利は短期金利より高いレートになります。

そこで、グリーンスパン氏は、「短期金利を上げれば長期金利が上がり、過熱ぎみの経済を調整できる」と考えました。しかし、短期金利を何度上げても長期金利が動かなかったのです。それについて、彼は「謎だ」と言ったわけです。

番組では、「日本などの外国からお金が入り込《こ》んだので、短期金利を上げても駄目《だめ》だった」と説明していましたが、外国からお金が入ってくることは昔からあることです。

これは、あくまでも私の感想ですが、この番組のディレクターは金融のことをよくは知らないのでしょう。

私は、レーガン大統領の時代のニューヨークで金融関係の仕事をしていましたが、当時のアメリカでは、短期金利と長期金利のレートが引っ繰《く》り返るようなこともありましたし、短期金利を操作しても長期金利が動かないこともあり、日本とは違《ちが》っていたのです。

日本の長期金利は、高い状態でけっこう固定していますが、アメリカでは、短期金利と長期金利が連動しなかったり、逆転したりする事態は、すでにレーガン時代に起きていて、私にとっては謎でもなんでもないのです。

番組の制作者たちは一九九〇年代以降の経済しか見ていなかったのでしょう。一九八〇年代まで見たら、そういう事態はすでに起きていたことが分かるのです。

「レバレッジ」こそ、バブルの根底にあるもの

それから、今回のバブルの根底には「レバレッジ」というものがあります。

レバレッジとは、日本語では梃子《てこ》のことです。梃子を使えば、小さな力で重いものを動かせますが、同じように、少ない資金で大きな経済効果をあげられるようにすることを、レバレッジといいます。すなわち、手持ちのお金を元手に借り入れを増やし、どんどん水ぶくれにしていって、実際に動かせるお金を大きくするわけです。

実は、このレバレッジは、すでに一九八〇年代の初めごろ、アメリカではそうとう流行《はや》っていて、私も十分に知っています。

私がニューヨークに駐在《ちゅうざい》していた、一九八二年から一九八三年ごろには、日本の銀行も始めていて、当時の富士銀行だったと思いますが、行員が私のところへ、

「レバレッジをやってみませんか」と営業に来たのです。しかし、私は、「これはインチキだから、やりません」と言って断ったことを覚えています。私は、「レバレッジのような操作が成り立つわけがない。はっきり言って、これは詐欺《さぎ》と同じだ。こんなものに手を出すのは愚《おろ》か者である」と話したのです。

当時、二十六歳《さい》だった私に分かることが、連銀議長を十八年余りも務めたグリーンスパン氏に分からないのであれば、もう、ぼけたとしか言いようがなく、お年を召《め》されたに違いないと思います。

私は、二十代のときに、レバレッジのようなものが成り立たないことは分かっていました。要するに、それは「成り立たない」ということがバレるまでは〝いける〟というものなのです。

「レバレッジを使えば投資額を大きくできます」などと言って勧誘《かんゆう》するわけですが、その説明が難解であるほど都合がよく、相手が、「よく分からないが、要するに、儲かるということだ」と思って、その話に乗ってきたら〝勝ち〟なのです。つまり、「騙《だま》されるかどうか」というだけのことなのです。

基本原則からいって、元手が何十倍や何百倍にも膨れることは、あるはずがないことです。

私は、このレバレッジのことをずっと以前から知っていたわけですが、その番組では、レバレッジについてはまったく触《ふ》れていませんでした。番組の取材班が勉強不足であることがよく分かります。

私は、商社のニューヨーク本社に勤めていた当時、毎月、「ニューヨーク・フィナンシャル・レポート」というものを書いていました。各部署の月例報告をまとめ、東京の本社へ送るのですが、これは、その月例報告の巻頭レポートに当たるものです。

私は巻頭部分の十ページぐらいを書いていたのですが、人事の課長に、「おまえのレポートは出てくるのが遅《おそ》い」と、よく怒《おこ》られたものです。それは仕事が遅かったからではありません。

銀行は、その月のレポートを翌月の第一週に出してくるのですが、私は、アメリカと日本の銀行が出してくる全資料に目を通してから、レポートを書いていたので、いつも締切《しめきり》ぎりぎりまで提出しないでいたのです。

書くときは一日で書いていたので、決して仕事が遅かったわけではありません。いつも、「おまえのところが、いちばん遅い」と言われましたが、それは、私が、全銀行のレポートを分析した上で書くために、銀行の資料がすべて揃《そろ》うのを待っていたからなのです。

このように、私は会社の月例報告の巻頭に当たる「フィナンシャル・レポート」を書いていたわけですが、そのときにレバレッジのことはもう知っていましたし、「短期金利を動かしても長期金利が反応しない」「長期金利と短期金利のレートが逆転する」という現象は、当時、すでに起きていたのです。

したがって、短期金利と長期金利が連動しないことを、あれほど不思議がることのほうが、私にとっては不思議でした。

「中央銀行の金利操作で経済統制できる」と考えることが間違《まちが》い

グリーンスパン氏は、若いころ、革命直後のソ連からアメリカに逃《のが》れてきた、ある作家の本に影響《えいきょう》を受けたそうです。

その作家は、著書のなかで、「政府の機能は、基本的に治安と国防などに限定すべきである。経済は市場に任せればよい」というように主張していました。つまり、「アダム・スミス型のレッセフェール（自由放任主義）にすればよく、小さな政府でよいのだ」というわけです。

そして、その番組では、「金余り現象が起きていたのに、グリーンスパンがレッセフェールで放っておいたから、バブルが発生した」と説明していましたが、要するに、番組の制作者は、「アダム・スミス型の考えが間違《まちが》いである」と考えているようなのです。

しかし、それこそが間違いです。「中央銀行による金利操作で経済統制ができる」と考えているのが本当の間違いであり、実は、これは社会主義政策なのです。アダム・スミスの考え方が間違っていたわけではありません。

したがって、「グリーンスパンが自由放任主義者だったから、バブルが破裂して失敗した」と考えるのは間違いです。むしろ、「アダム・スミスに反する考え方をしていることが間違いであった」と言うべきです。

資本主義においては、株価の上がり下がりや、資金に余裕《よゆう》のある人が投機をして成功したり失敗したりすることは、当然、起きることです。

投機に成功すれば喜び、失敗したら損失を甘受《かんじゅ》しなければいけないのが、資本主義社会でもあるのです。

「上がりすぎたものは下がり、下がりすぎたものは上がる」、これが基本的な原則です。それを人間の考え一つで操作できると思うことのほうが間違いです。

マネタリズムの考え方には一部、有効な面もありますが、「通貨の供給だけで経済全体を動かせる」と考えているあたりには、少し危ない面があると思います。

この辺りの議論に入ると深みにはまっていくので、今回は、この程度で止《と》めておきましょう。

マスコミに刷り込《こ》まれた「マルクス主義」

本章では、農業の問題から話を始め、国際金融のほうにまで話を広げてきましたが、政治経済学とは実に難しいものです。本来は通年で講義しなければいけないような内容であり、この章だけではとても終わりません。

最後に述べておきたいのは、「マスコミは、経済に対する理解が低く、全部、『マルクス的なものの考え方が正しい』という方向に持っていきがちなので、気をつけていただきたい」ということです。

私の上の世代ぐらいの人たちは、みな、マルクス主義の〝洗礼〟を受けており、頭のなかに〝刷り込《こ》み〟が入っていて抜《ぬ》けないのです。

そのため、「資本主義型の経済が失敗した」「マルクスの予言が当たった」という方向にすぐ持っていきたがるのですが、それは、根本的に頭のなかにマルクス主義が入っているからです。

一九九〇年代のバブル崩壊《ほうかい》では、私は、当時の日銀総裁だった三重野《みえの》氏をかなり批判しました。彼は東大出身ですが、彼が学んだ経済学は、はっきり言ってマルクス経済学です。

戦後長らく、東大には、「近経《きんけい》」（近代経済学）はなく、「マル経《けい》」（マルクス経済学）しかなかったのです。私は、基本的に、「彼が『バブル潰《つぶ》しは正しい』と考えた、その発想のなかには、左翼思想と同じものが入っていた」と見ています。

資本主義、自由主義の世界においては、投機が行われるのは当然のことです。ただ、「投機のリスクを、どこで見限るか」ということが非常に大事なのです。

例えば、「株式投資をする場合は、手元にあって自由になる資金のうち三分の一を限度としなさい」ということが、知恵《ちえ》として一般的に言われているわけです。そうすると、三分の一ぐらいであれば、もし株価が下がって資産が〝蒸発〟したとしても、潰れたり破産したりはしないわけです。

株式投資においては、儲かることもあれば損をすることもあります。これがルールなのです。そういうことを「マル経」型の人は知らないので、何か問題が起きると、それをすべて資本主義の矛盾《むじゅん》と捉《とら》え、マルクス主義へ戻《もど》そうとするのです。

そういう動きが去年から強く出てきているので、どうか、「アダム・スミス型の考えが間違っているわけではない」ということを理解していただきたいのです。

また、根本において、アダム・スミスのレッセフェールとは、「自由放任にしたらうまくいく」という考えではありません。それは、「それぞれの人が、自分たちの智慧《ちえ》、才覚を最大限に発揮して経済活動をするほうが、誰《だれ》か特定の人が決めた〝経済法則〟で国家運営をするよりも、うまくいく」ということを言っているのです。

つまり、「社会主義型の運営よりも、それぞれの人が企業家《きぎょうか》精神を発揮して自由に活動したほうが結果的にはうまくいく」という、非常に民主主義的な考え方なのです。

したがって、「アダム・スミスの考え方は間違っている」と言うならば、それは、「民主主義は間違っている。民主主義より独裁制のほうが効率がよい」と言っているのと同じです。

しかし、「経済を一元管理できる」と思うことは大きな間違いなのです。

なるべく規制をなくし、各人の力を引き出せ

この間違いのもとはフランス革命にあります。民主主義のもとと思われるフランス革命においては、理性万能主義がかなり支配していました。

そして、理性万能主義のもとにあるのは、ルソーやカント、デカルトの思想です。彼らの思想は、一部、間違いを含《ふく》んでいたと思います。

要するに、「理性でもって世の中の動きを全部コントロールできる」という考えが入っているのです。これは非常に傲慢《ごうまん》なエリート主義であり、「一つの理論だけで世の中を動かせる」と思っていたところが間違いなのです。

その後の歴史を見るかぎり、やはり、人間は捨てたものではないことが分かります。「才覚のある人が、それぞれ、一生懸命《いっしょうけんめい》に智慧《ちえ》を絞《しぼ》ることによって、政治

だろうが経済だろうが、発展・繁栄《はんえい》する道が開ける」ということは間違いありません。

したがって、各人の力を出し切れるように、規制などは、なるべくかけないようにして、繁栄への道を開いていくことが大事なのです。

その意味で、やはり、国家の機能が増大しすぎないように努力しなければいけないと思います。

マスコミなどは気をつけてほしいのですが、政治家の間違いや失政を指摘《してき》することには、機能として有効に働く面もありますが、それによって政府の肥大化を招いたならば、結果として「よい仕事をした」とは言えないのです。

それは、結局、〝お上頼《かみだの》み〟の発想であり、「お上に助けてくれ」と言っているのと同じです。そのため、「政府を批判すると、政府は必ず肥大化する」という傾向《けいこう》があるのです。

「なるべく規制をなくし、各人の力を引き出せるようにしたほうがよい」と述べると、「それは、弱者に厳しく、強者に優《やさ》しい考え方である」と思う人もいるかもしれませんが、全体として国富を増やしていくには、この考え方しかないのです。

ある特定の人の考えだけで国が富むようなことはありません。経営できる会社の規模には限界があるので、それぞれの会社で優《すぐ》れた人が選出され、各企業が努力して発展・繁栄していくほうがよいのです。

そのように物事を考えていくのがよいと思います。

弱者を救うためにも、国富を増大させよ

前述したように、本章では、農業問題、漁業問題から始めて、国際経済の一部にまで論を広げましたが、これは、まだ序論のレベルであり、今後も講義を増や

していきたいと考えています。

幸福実現党は、決して、弱者に厳しい政治をするつもりはありません。国自体を富ませなければ、助ける側の人、すなわち、税金を払《はら》う人も雇用《こよう》を生んでくれる人もいなくなってしまいます。

「国民が死に絶えていて、政府だけが予算をたくさん握《にぎ》っている」ということはありえないのです。このことは知っておいていただきたいと思います。

農業は再興しなければいけません。確かに専門技術は要《い》るでしょうが、農業においても、新しい起業家が出てきて、失業者や会社などで溢《あふ》れている人たちを吸い込み、国際的な活動にまで踏《ふ》み込んでいけるようになると、素晴らしいと思います。

第4章

国家経済と人間の自由

1　共産主義勢力を復活させてはならない

人々の嫉妬心《しっとしん》が非常に強くなってきている

第3章に続き、本章も、経済にかかわる話を述べたいと思います。

二〇〇八年の秋以降、世界の情勢と経済環境《かんきょう》、マスコミを中心とした世論、日本の国内の動きをじっと見ていて、感じるものが私にはあります。

それは何かというと、「人々の嫉妬心《しっとしん》というものが非常に強くなってきている」ということです。

要するに、好調だった企業《きぎょう》やIT産業、株などで大儲《もう》けをしていた〝金融《きんゆう》長者〟たちの没落《ぼつらく》、世界的に有名な大企業の倒産《とうさん》や大赤字、大リストラなどを見て、バラ色の未来という夢が壊《こわ》れ、「大変だ」という声がある一方で、世の人々の、「胸のつかえが下りて、すっきりした」というような気持ちも、私には非常に強く伝わってくるのです。

そして、なぜか、時代が百年以上も前に戻《もど》っていこうとするような強い力を感じます。ソ連邦崩壊《れんぽうほうかい》によって、いったん一気に弱った左翼《さよく》勢力、共産主義勢力、社会主義勢力が、今回の世界的な不況《ふきょう》を受けて、実は拍手喝采《はくしゅかっさい》をしているようにも見えるのです。

そういう勢力が、「二十年弱ぶりに復活のチャンスが来た。千載一遇《せんざいいちぐう》のチャンスだ」と見て、今、巻き返しに入ってきているのを私は感じています。

しかし、その巻き返しを、本当の力として復活させてはならないと思うのです。

自由主義経済では、潰《つぶ》れる会社も、新しく起きる会社もある

資本主義、自由主義においては、投機あるいは投資における失敗は付き物です。そして、数多くの会社が新しく起きてくる半面、潰《つぶ》れる会社が出てくるのは、当然のことであり、ある程度、織り込《こ》み済みなのです。絶対に潰れない会社ばかりであれば、新しい会社が出てくることは不可能です。

また、国営の大企業しかなければ、新規の会社は起こしようがありません。全部潰され、排除《はいじょ》されます。

会社が潰れていくことには悲しい面もあります。しかし、それは同時に、新しい会社が起こせるチャンスが生まれてきて、その競争の結果、よりよきサービス、よりよき製品を生み出したものが生き延びることになるのです。

そのなかで勝者・敗者は出てきますし、敗者だけを見れば、源平《げんぺい》の戦いのよう

に、非常に悲しい物語には聞こえます。

しかし、一般《いっぱん》の顧客《こきゃく》、需要者《じゅようしゃ》の側から見れば、同業者が競争し、よりよい品質で、よりよいサービスを、より安く提供するところが生き延びてくれたほうが、実は、多くの人々の幸福になるのです。

競争している者同士は、熾烈《しれつ》な戦いのなかで、相手が血も涙《なみだ》もないように見えなくもないのですが、それは、あくまでも内輪の話です。一社独占型《どくせんがた》や国家経営型の会社ばかりであれば、何らの選択《せんたく》の自由も働かないことになって、顧客へのサービスが完全に棚上《たなあ》げにされてしまうのです。

その意味で、自由主義経済においては、景気の変動を逃《のが》れることはできないものですし、倒産の自由は、企業設立の自由、発展の自由をも含《ふく》んでいるのです。

したがって、ある一点、ある一期間を捉《とら》えて善悪を論断するのは、やはり早計《そうけい》にすぎると思います。

2　近現代の政治に流れる「国家統制からの自由」

「権力の暴走への恐《おそ》れ」が政治の発展を生んだ

私が本章で述べたいことのポイントの一つは、国家経済における「統制経済」についてです。

国家には肥大化する傾向《けいこう》があります。肥大化すれば権力が増すからです。権力の側についている者は、必ず、「権力を増大させたい」という気持ちを持っています。

権力のもとは何であるかというと、使えるお金が多いことです。

税金を始めとして、使えるお金を多くし、さらに、自分たちの統制によって世の中すべてを動かせるようになることが、やはり権力者の夢です。「思うようにやりたい。自分たちの一存で自由にやれるようにしたい」ということは、権力者の本能的な欲望なのです。

国王が支配する時代においては、善《よ》い王に当たると民衆は幸福ですが、歴史上、悪王も数多く出てきており、民衆が苦しむことが、たびたびありました。

そのため、「選挙によって為政者《いせいしゃ》を選ぶ民主主義の政治体制をつくったほうが、少なくとも、最悪の政治、悪王による暴政のようなものは防げる」と考えられるようになりました。「最善の政治になるかどうかは分からないが、民衆は、少なくとも、『自分たちを苦しめる人を選挙で選び続ける』というような、愚《おろ》かなことはしないであろう」と思われたのです。

もちろん、選挙で為政者を選んでも失敗することはありますが、選ばれた人には任期があって、何年かのちに次の選挙が来るので、「もし、為政者が、自分たちを痛めつけたり、あまりにもきつい税金などで苦しめたりしたら、次の選挙では、その人に投票せず、クビにすることができる」という制度を、歴史的に編み出したわけです。

さらには、権力が一元化すると危険なので、「行政」「立法」「司法」という「三権分立」のかたちをとって、お互《たが》いに牽制《けんせい》し合うようにさせました。

政治の執行《しっこう》機関である行政府、法律をつくる機関である立法府、法律などが適正に機能して処断されているかを判断する裁判所、この三権の分立が近代の原理の一つとしてあるのです。

「権力の暴走や独走、独占《どくせん》を、どれほど恐《おそ》れているか」ということが、近代政治の発展と軌《き》を一《いつ》にしていると考えなければなりません。

「統制経済」は戦時下の配給制そのもの

統制経済、すなわち、国家が経済を一元的に統制できる状態とは、どのような状態かというと、いちばん分かりやすいのは戦時経済です。戦争の時代は、国家が経済を完全に支配する時代なのです。

そういう体制の下《もと》では、国家が、自分たちの好きなように税金を集め、好きなように使いますし、人々の職業の自由を奪《うば》い、好きなように人を動員し、国家が使いたい方向に人を振《ふ》り向けていきます。

また、「職業選択《せんたく》の自由や起業の自由などはなく、私有財産も徹底的《てっていてき》に吸い上げられていって、国家の目的とするものに、国の財産や予算を全部つぎ込《こ》んでいく」というスタイルも戦時経済です。

そして、そこにあるのは「配給制」です。そこでは配給制型の政治経済が行われるのです。

配給制とは割当制です。「食料や衣類、住居などを、全部、割り当てで決める」というものであり、国あるいは地方自治体という、〝お上《かみ》〟のほうが、衣食住のすべてを管理するスタイルです。これが統制経済です。

このようなあり方は、戦争時のような緊急《きんきゅう》事態のときには、ある程度、しかたがないこともあります。また、このようにしたほうが国として強くなる面もあるので、短期的には、やむをえないことかもしれません。

しかし、これが常態化し、常時、こういう状態になると、国民は非常に不幸な立場に置かれます。

こうした状況《じょうきょう》においては、当然、「言論の自由」があるはずもありません。必ず弾圧《だんあつ》が行われるようになります。

自由な考えが出てくると、「文句を言わせない」ということで必ず弾圧をし、一色に染め上げようとするわけです。

そして、だいたい、「信教の自由」もなくなってきます。

信教の自由を立てると、政治の権力者以外にも、人々を導く可能性のある人が出てきます。しかし、「地上の人間よりも偉《えら》い神や仏、高級霊《れい》の声が聞こえてくる」などというような人が出てきたり、他の価値観が広がったりすることは、当局者にとって非常に具合の悪いことです。

そのため、自分たちの考えで全部をまとめたくなり、「信教の自由」「言論・出版の自由」などを、すべて抑《おさ》え込みにかかるのです。これは非常に怖《こわ》いことなのです。

例外規定が付けば自由は簡単に制限される

先日、ある週刊誌の小さな記事を見たのですが、幸福の科学が、「日本国憲法の『信教の自由』の部分を改正したい。『信教の自由は、何人《なんぴと》に対してもこれを保障する。』という条文だけでよく、付帯条項《じょうこう》などは不要である。学問の自由のあり方と同じでよいではないか」と述べたことに引っかけて、「宗教団体がそれを言うことは重大な問題だ。何か悪いことを裏で考えているに違《ちが》いない」という〝深読み〟をしたようです。

憲法は、「信教の自由を保障する」と言いながら、「政教分離《ぶんり》」を定め、「いかなる宗教団体も、国から特権を受け、又《また》は政治上の権力を行使してはならない。」「国及《およ》びその機関は、宗教教育その他いかなる宗教的活動もしてはならない。」と規定していますが、その週刊誌は、このような付帯条項が付いている状態を、望ましいと思っているのかもしれません。

では、「同じような条項を、言論の自由に付けてみたら、どうなるか」ということを考えてみてください。

例えば、「言論、出版その他一切《いっさい》の表現の自由は、これを保障する。」という条文に加えて、「政治に対する批判は、これを許さない。」「教育に対する口出しは、これを一切許さない。」というような条文を付けたとします。そこに、「言論の自由」はあるでしょうか。それでは、為政者を批判することも、政治体制を批判することもできません。

「言論の自由は許す。表現の自由は許す。しかし、国の政治体制を批判することは許さない」というようなことは、お隣《となり》の中国では現にあることです。

かたちの上では、言論・出版の自由、表現の自由を言うことは簡単ですが、例外規定を設けて、これを締《し》め上げることも簡単なのです。

マルクス・レーニン主義に基づく権威《けんい》主義的な体制は、私たちの側からは全体主義に見えますが、例えば、「こういう体制に対する批判は許さない」という規定を入れれば、表現の自由や出版の自由はほとんどないのと同じです。

「政府を批判する自由を許さない」「教育に対する言論の自由を許さない」などという付帯条項を付けたら、結局、言論の自由はないのと同じになり、政府への批判などは、ほとんどできなくなるのです。

また、教育を、国家のみが行い、民間に開放しなければ、国家の考え方で国民を洗脳することもできます。国家が、国定教科書を定め、試験の基準を設けて、〝自由市場〟を認めない場合には、国家の考え方を国民に押《お》し付けることができるわけです。

例えば、マルクス・レーニン主義に基づく出題をして、それに反する解答を書いた人を、全員、落としてもかまわないわけです。

論文試験、面接試験などで、「マルクス・レーニン主義を信じていますか」と訊《き》き、「現代では少し問題があると思います」と答えた人がいたら、その人を落とせばよいのです。そういう人は、党の幹部や高級官僚《かんりょう》にもなれないし、要職に就《つ》けないようにすることもできるのです。

このように、「国家が教育を独占する」ということも、非常に怖いことです。

「国家による一元支配からの自由」

集会や結社、言論、出版、表現の自由などは、もともと、すべて、「国家権力からの自由」「国家による一元支配からの自由」です。

国家による自由の制限が許されるのは、それをしたほうが、公共の福祉《ふくし》により益することが多く、「大勢の人にとってよい」と思われる場合です。その場合にのみ、例外的に許されることはあります。

例えば、先般《せんぱん》、ある有名なアイドルグループのメンバーの一人が、夜の赤坂で六時間も酒を飲み、酔《よ》っぱらって裸《はだか》で騒《さわ》いだため、逮捕《たいほ》された事件がありました。

いかに有名な芸能人であろうとも、夜中の都会の公園で裸になって騒いだら、

「表現の自由」としては少し許しがたいものはあります。

「表現の自由」といっても、それを押しとどめる自由もないと困ります。少なくとも、ファンが大勢いるような人であったら、「お慎《つつし》みください」というのは、当然、働いてくる機能です。

これをもって「国家の暴力」とまでは言えないだろうと思います。

そういう意味での一定の抑制は、当然、伴《ともな》うでしょう。

ただ、基本的には、「国家の統制からの自由というものが、近現代の政治のなかでは根強く流れている」ということだけは忘れてはいけないのです。

転職の多い国は、いつも一定の失業者を抱《かか》えている

経済面においても、「不況が起きた。百年に一度の大恐慌《だいきょうこう》かもしれない」と言うのは簡単ですが、その言葉に、そう簡単に乗ってはいけません。

「百年に一度の大恐慌」と言えば、国家の側から見ると、「緊急事態につき、何でもできる」ということになる可能性があります。例えば、一切の私有財産を没《ぼっ》収《しゅう》し、国家経済に組み込むことも、できないことはないので、そう簡単には乗れません。〝非常事態宣言〟を簡単に出させるわけにはいかないのです。

確かに、「生活が苦しくなった」「無職になった」などという人が出てきて、「不況による失業者を抱《かか》える」ということはあるかもしれませんが、「そういう統計だけを見て判断するのは早計である」と私は思います。

本書の第３章では、私がアメリカに行ったときのことを述べました。その当時、アメリカ経済の統計では、失業率は十パーセント近くありました。

あれだけ転職の多い国は、いつも一定の失業者を抱えているのです。

それは単に「職がない」ということだけではありません。今の職に満足のいかない人たちは職を替《か》えることがあるので、失業者のなかには、次の職に移っていく過程にいる人もいます。また、もっと昇進するために、勉強し直そうとしている人もいます。このように、いろいろな人がいるのです。

そのため、そういう国では、失業率が十パーセントに近いような状態になっても、それは別に、それほど驚《おどろ》く数字ではないのです。

また、企業《きぎょう》にも、人を雇用《こよう》したり辞《や》めさせたりする自由は当然あります。企業がクビにした人全員に対して、国家が〝給料〟を払《はら》わなければいけない理由は、もともとないのです。

国家が救わなければいけないのは、死に至る可能性が本当にあるような状態の人の場合です。そういう人には何らかの手を差し伸《の》べるべきだと思います。

しかし、自分の好き嫌《きら》いで職業を辞めている人まで救わなければいけない理由はありません。また、賭博《とばく》をしてお金がなくなった人、放漫《ほうまん》経営により会社を潰《つぶ》して収入がなくなった人、借金を背負った人などは、ある程度の範囲内《はんいない》で生じるものですが、そういう、自分の経済行為によって財産を失い、一文なしになったような人まで救わなければいけない理由はないのです。

要するに、潰れた会社を、全部、救えばよいのかというと、そうではなく、やはり、「適正な範囲」があるわけです。

セーフティネットには一定の限度が必要

もちろん、合理的な努力をしていても、不可抗力《ふかこうりょく》によって潰れてしまう場合もあるので、国家として救いの手を差し伸べなくてはいけないレベル、いわゆる「セーフティネット」を張らなければいけないレベルはあります。

例えば、サーカスの綱渡《つなわた》りのときには下のほうにネットを張っています。地上から一メートルぐらいのところにネットを張り、ロープの上から落ちても、地面に激突《げきとつ》して死なないようにしています。

そういう意味でのセーフティネットは必要です。

しかし、「ロープから落ちてはいけないので、ロープの下に梯子《はしご》を架《か》けて二重に渡す」というようなことをしたら、観客のほうは怒《おこ》り出すでしょう。

また、地面に近いところではなく、ロープの下の五十センチや一メートルぐらいのところにセーフティネットを張ったら、落ちてもすぐに助かることが分かり切っているので、観客は、「全然、見るに値《あたい》しない」と考えることになります。

セーフティネット自体は必要でも、セーフティネットそのものが巨大化《きょだいか》し、本来の目的を失わしめるところまで行ってはならないのです。

万が一、落ちたときのためのセーフティネットであって、頻繁《ひんぱん》に落ちる綱渡り師であれば、それは興行をやめたほうがよいのです。綱渡りをやりたければ、もっと練習してからにすべきです。

同じくサーカスでは、美しい女性を立たせ、その体に刺《さ》さらないように短刀を投げる芸がありますが、「二回に一回は人体に刺さる」ということであれば、やるべきではありません。

かなり熟練し、「必ず人体のわずか五ミリか一センチ外側に逸《そ》れる」という、百発百中のレベルに達して初めて、観客を呼んで観《み》せるべきです。「体調がよかろうが悪かろうが、着物には触《さわ》っても人体には刺さらない」というところまで腕《うで》を上げてからでないと、やってはいけません。

ところが、万一《まんいつ》、短刀が刺さってはいけないので、美女が鎧兜《よろいかぶと》を着て立っているのであれば、これは資本主義経済には合わないスタイルです。「それだったら、やめてくれ」と言われます。そこには熟練度が要求されるわけです。

そういう意味で、経営者にも、「経営者としてのプロフェッショナル」のレベルが要求されます。そのレベルに達しない放漫経営によって会社を潰したのであれば、借金を背負ったとしても、その苦しみを十年、二十年と甘受《かんじゅ》しなければいけないのです。

ところが、「国が借金を全部、帳消しにしてくれる」ということであれば、これは、他の人の財産を食い潰していることを意味することになります。

したがって、大きすぎる国家経済は危険度が高いので、やはり、「セーフティネットには一定の限度がある」と考えなければいけません。

ただ、それはゼロであってもいけません。「ゼロであってはいけないが、一定の限度はある」と思ってください。

3　日本社会で生き延びている〝社会主義〟

「私有財産の否定」と「生産手段の国有化」が共産主義の原点

前節では、「統制経済下においては私有財産の没収《ぼっしゅう》が始まる」ということなどを述べましたが、ここで、原点に帰り、「共産主義とは何であるか」ということを考えてみましょう。

共産主義の特徴《とくちょう》は、結局のところ、「私有財産の否定」と「生産手段の国有化」です。これが原点です。

共産主義においては、まず、私有財産を一切《いっさい》認めません。

「すべての私有財産を取り上げることによって平等にする」ということなので

すが、その平等とは、「貧乏《びんぼう》の平等」以外にありえないのです。

つまり、「私有財産を全部取り上げ、国民が国家からの配給で生きていく世界をつくり出す」ということです。

これがありうるのは軍隊です。軍隊のなかでは、私有財産と言えるものは、ほとんどありません。個人の装備としては、服、飯盒《はんごう》、ヘルメット、銃《じゅう》一丁ぐらいであり、食事は誰《だれ》もが同じものを食べます。

この「私有財産の否定」が共産主義の原点の一つであり、これは結局、「配給型の社会になる」ということなのです。

もう一つは「生産手段の国有化」です。これは、「工場などを国家が経営する」というようなことです。

例えば、有名な某《ぼう》ドラッグストアのチェーンを国家が経営すると、どうなるでしょうか。さぞかし恐《おそ》ろしいものが出来上がると思います。二十四時間営業は、まずしないでしょう。夕方になったら店を閉めることは間違《まちが》いないと思います。

日本では、地下鉄の駅が閉まっても、まだ営業を続けている店がありますが、これが民間の力です。民間は、「商機がある」と思えば、やるのです。

しかし、国営にすると、こういうことはしなくなります。

このように、「私有財産の否定」と「生産手段の国有化」が共産主義の原点なのです。

隠《かく》れた社会主義である「所得の再分配」

ただ、さすがに、「私有財産の完全否定」と、「工場やその他の生産手段を、全部、国有化する」というようなことは、ここ数十年から百年の間の文明実験によって、世間がもう許さなくなってきたので、現在の共産主義の考え方は、かなり変わってきています。

残っているものは何かというと、「幅《はば》広く税金を課し、所得の再分配をする」という機能です。この機能のなかに共産主義が生き延びています。この機能が共産主義機能であり、共産主義は、こういうかたちで生き延びています。

すなわち、「幅広く税金を取って、国家の一元管理の下《もと》に、所得を再分配する」という機能を持つものが、共産主義、あるいは、社会主義です。社会主義とは、マルクスが最終ユートピアと考えた共産主義に至る前の過程のことです。

戦後の日本には、この社会主義の考え方がかなり根強く入っており、小室直樹《こむろなおき》氏の考え方で言えば、「世界で唯一《ゆいいつ》成功した社会主義国家が日本だ」という皮肉な見方もあります。「税金による所得の再分配」と「官僚《かんりょう》主導」があれば、いちおう、社会主義が完成するので、そういう言い方がされているのです。

所得の再分配は、一見、とてもよいことのように見えますが、「これは隠《かく》れた社会主義である」ということを知っていなければいけません。

「福祉《ふくし》目的」を隠《かく》れ蓑《みの》にした増税には要注意

さらに気をつけなければいけない隠《かく》れ蓑《みの》があります。

一般的《いっぱんてき》に、税金をたくさん取って、集めたお金を、ばらまいたり、無駄《むだ》に使ったりすると、世間からの批判が非常に強くなるので、「福祉《ふくし》目的」という言葉を上手に使い始めています。「福祉目的のために税金が必要だ」という理由で税金を巻き上げていくスタイルが多くなっているのです。

しかし、「福祉目的に使ったかどうか」ということは、〝どんぶり勘定《かんじょう》〟なのでよく分かりません。

また、新しく設けた税金を福祉目的に使い、今までの税金を他のところで好きなように使えるようになったら、結局、増税と同じことです。これも非常に危険なのです。

ある意味では、年金制度も、このような福祉目的に基づく〝税金〟です。これは明らかに税金なのです。

国民が、年金について、「自分が積み立てたお金だから、老後には、それがもらえる」と信じていたところ、何のことはない、国は、年金として徴収した分のお金を、入った時点で使っていたのです。これは、「将来のことは将来のことである。自分たちが退職したのちのことは、そのときの人たちが考えるだろう」というような感覚です。これには多くの人々が驚《おどろ》きました。

集めたお金を将来のために貯《た》めておくのではなく、入ったときに使っていたのですから、要するに、「明らかに単年度の税金として認識していた」ということなのです。そして、年金の徴収で入ったお金を使って、「グリーンピア」などといった施設《しせつ》を数多くつくったりしていたわけです。

それから、医療《いりょう》保険制度のなかにも、〝税金制度〟が隠れて入っている部分がそうとうあると思います。これで取ると、事実上の税金だということが国民には分からないのです。

そのため、「所得税や住民税などの税率のほうは低く見せて、年金や医療保険のほうから取る」というかたちも、かなりあったと思います。

このように、統制経済と、その巧妙《こうみょう》な発展形態である、所得の再分配機能としての「税」のところは、よくウオッチしていないと、為政者《いせいしゃ》に騙《だま》されてしまうことがあるのです。

自民党の最近の支持率の低迷も、結局のところ、「年金をもらうためにお金を払《はら》っていたのに、なんだ、老後は自分たちを養ってくれなくなるのではないか。騙された」という国民の不満がかなり大きく影響《えいきょう》していると思います。

私有財産の否定は「平等の精神」に反する

政府には、常に肥大化する傾向《けいこう》があります。政府は、国民の不満を受け続ける立場にあり、それに対応しなくてはいけないように考えるので、大きくなりやすいのです。しかし、そうであっても、常に「小さな政府」を目指す方向性を忘れてはいけないと思います。

「大きな政府」になると、必ず国民の自由を統制するようになります。そして、その統制は、「財産権の侵害《しんがい》」というところに明確に表れてきます。私有財産を否定する考え方は基本的に社会主義なのです。

累進性《るいしんせい》の強い課税も私有財産の否定そのものです。ある意味で逆説的なのですが、これには「平等の精神」に反する考え方が入っていて、人間を平等に扱《あつか》っていないのです。

税務署的に言うと、「事業に成功したり所得を上げたりした人は悪人だ」というような発想に、かなり近づいているようにも見えます。

例えば、公益法人である「漢検」（日本漢字能力検定協会）が、「年に七億円もの利益をあげた」と批判され、その後、前理事長親子が背任の疑いで逮捕《たいほ》されました。

「トンネル会社をつくっていたことが法的に見て不正かどうか」ということの吟味《ぎんみ》など、法律的な議論は、いろいろとあるでしょうが、これには、明らかに「利益が出たら悪である」という発想が入っています。

ただ、漢検の設立当初のことを考えると、「日本に漢字検定を広げる」ということは、それほど簡単なことではなかったであろうと思われます。

あまり人気のある事業だとは思われないので、その事業を成功させた以上、かなりの経営能力があったと思います。

〝役人経営〟の考え方から見れば有能すぎたのです。ある意味では、「有能すぎて捕《つか》まった」とも言えるかもしれません。経営能力を持っている人が役人のなかに紛《まぎ》れ込《こ》むと逮捕され、無能な役人は、何もしないので捕まらないのです。

したがって、「経営的に実績が出ることをすると捕まりやすいので、本当に気をつけなければいけない」という逆説が、そこで生まれるわけです。

「非営利組織においても利益は必要である」ということは、ピーター・ドラッカーも、はっきりと言っています。

ドラッカーは、非営利組織の経営について、次のように述べています。

「『非営利組織には利益が要《い》らない』という考え方は間違いだ。非営利組織こそ、利益部門を持たなければ、将来的な発展や組織の維持《いじ》が不可能になる。営利性が低いがゆえに、よけいに厳しいことになるのだ」

もし、漢検を通して漢字文化を広めたり、国民の漢字能力を高めたりすることが、本当に国民的なニーズであり、文化の向上に資するものなのであれば、事業としての発展を望むべきであると私は思うのです。そして、「利益が出ているのだったら、その事業をさらに広めるように努力しなさい」という行政指導をするべきなのです。

また、今、アルバイトや契約《けいやく》社員、派遣《はけん》社員などが多数クビになっているので、「利益が出ているのなら、そういう人たちを漢検で採用してください」とお願いすればよいのです。あるいは、「外国人に漢字を教える仕事を手伝ってください」と言うことだってできます。

しかし、そういうことはしないで、一種の見せしめを行ったわけです。

利益を「悪」と認定するなかれ

これに対しては、少し前の「ＩＴバブル潰《つぶ》し」のときと似たような印象を受けます。

当時は、ライブドアの堀江《ほりえ》氏や村上ファンドの村上氏に対して、「うまいことをやって金儲《もう》けをした。〝ヒルズ族〟は許せない」と考え、一種の「ガス抜《ぬ》き効果」的に動いたのだろうと思います。

しかし、その結果、国民が被《こうむ》った損失は、何十兆円、何百兆円に当たるか分かりません。そのレベルの損失を被ったのです。これは、ある意味で、「私有財産の侵害が巨大《きょだい》なかたちで行われた」ということです。江戸時代の悪徳商人を描《えが》いた時代劇の見すぎのところが少しあるのかもしれません。

役人などは、採用試験には経済科目がほとんどないので、法律は勉強していても、経済の勉強はあまりしておらず、任官後の勉強も足りないので、実際、経済について分からないのだろうと思います。

そこで、私は、公務員や裁判官、検察官なども、少なくてもよいので、一株でも二株でも株を購入《こうにゅう》してみてはどうかと思います。

そうすれば、毎日、「株価が上がったのか、下がったのか」ということが気になり始め、「どのようになれば物価や株価が変動し、会社の浮《う》き沈《しず》みが起きるのか」ということが分かります。

役人は、株価のことなど、まったく考えてもいません。自分で株を売買していない人にとっては、株価が上がろうが下がろうが関係のないことです。どこの会社が潰れても気にしていません。役人などには少しそういう面があるので、「やや危険だ」と思っています。

また、「利益体質をつくること自体が悪である」という発想が蔓延《まんえん》すると、国公立系の事業体は、全部、赤字をつくります。赤字をつくっていれば、逮捕されることも怒《おこ》られることもないからです。

しかし、国民の側からすれば、黒字を出してくれれば、追加の税金は要らなくなります。その黒字をうまく利用して、自分たちの事業体のなかで事業の発展を考えてくれれば、それでよいわけです。

さらに、国の予算の「単年度制」という問題もあります。「一年で使い切ってしまう」というのは無茶苦茶です。こうしたものの考え方を、一度、改める必要があります。

したがって、役人のなかで事業家能力を持っている数少ない人を、大事にしなくてはいけないと思います。これを注意しておきます。

資本主義社会のなかに生きているのであれば、利益をあげることを悪と認定することはやめてください。それを悪と認定するのであれば、共産主義の国に移住していただきたいものです。

そういう国は、もう数が少ないので、十分には渡航《とこう》の自由が確保できませんが、北朝鮮《きたちょうせん》や中国では、〝仕事〟がまだ多少は残っているので、そういう国に移住すればよいでしょう。

利益を悪と認定しながら資本主義社会のなかで生きるのでしたら、「やや時代錯誤《さくご》で生きている」と言わざるをえないと思います。

「私権の制限」が許される場合とは

私は、「国家は基本的には『小さな政府』を目指すべきである」と思います。

もちろん、「治安」や「国防」を始めとして、「個人や民間のレベルでは対応できないような大規模災害への対策」、それから、「営利法人では考えられないが、国家のプロジェクトとしては将来的に必要だと思えるもの、すなわち、未来ビジョン的に必要なものについてのインフラ整備」などは、国家レベルでやらないと無理でしょう。

空港をつくることなどは、国家のレベルでやらなくてはならないことです。

このような場合には、逆に、「私権」が強すぎると問題があります。

例えば、成田空港をつくるときには、反対派の人たちは、建設予定地に一坪《つぼ》だけ土地を買い、「一坪地主」となりました。そして、実際に住んでいる数軒《けん》が「売らない」と言って延々と粘《ねば》り、工事を大幅に遅《おく》らせました。十年、あるいは、それ以上、遅らせた可能性があります。

そういう反対運動をした人たちには、少なくとも、「海外に行くときに成田空港を使ってはいけない」という、成田空港使用禁止の〝免状《めんじょう》〟を渡す必要があると思います。「個人の信条で空港建設に反対するのは結構ですが、反対した以上、その空港を使ってはいけない」と言うべきです。当たり前でしょう。

このような反対運動は「私権の濫用《らんよう》」に当たります。

私は無制限に「私《し》がよい」と言っているわけでは必ずしもないのです。多くの人の便益、幸福に利することであれば、「私」の部分であっても、やはり、公共の福祉や最大多数の幸福のために抑《おさ》えなければならない面はあると思います。

例えば、大きな幹線道路ができる上で、自分の家が妨《さまた》げになっているとします。そのときには、相当の保障、適当な保障を得て、他の所に移るべきです。「どうしても、そこに住まなければいけない」という理由がなければ、転居を受け入れざるをえないと思うのです。

そのようなかたちでの「私権の制限」は当然です。

確かに、焼き鳥屋や一杯《いっぱい》飲み屋が、「ガード下でないと、うちの商売は成り立たない。そのガード下をなくすのは許せない」と言うこともあるかもしれませんが、こういうときには金銭的に解決を図るべきです。そして、他の場所で商売をするか商売替《が》えができるようにすればよいのです。

大きな公共の施設などができるときには、「それが判断として間違っていないものであれば、ある程度、受け入れる」という面も必要だと思います。

「私権を侵害するものは、全部、悪である」とまで言うつもりはありません。より多くの人たちにとって本当の便益になるものについては、私権の制限を甘受《かんじゅ》しなければならないと思います。

ただ、「個人に私有財産があるのは許せない」「事業をして利益をあげるのは許せない」などというような思想が蔓延《まんえん》するのは問題であると私は述べているのです。

同じようなチャンスが与えられても、成功する人と成功しない人が出てきます。これに対して〝結果平等〟で処遇《しょぐう》したら、実は非常に不公平な世の中になるのです。

同じく資本金一億円を与えられても、それを元手にして自分の会社を大企業《だいきぎょう》にする人もいれば、莫大《ばくだい》な借金をつくり、銀行や国など各方面に迷惑《めいわく》をかける人もいます。その結果に応じた評価は、当然、出てくると思います。

マルクス主義の本質は「嫉妬《しっと》」にある

今、時代的に見て、再び、「嫉妬《しっと》」というものが非常に強くなってきています。

マルクス主義の本質は何かといえば、やはり「嫉妬」です。これは「嫉妬の経済学」と言われているのです。実際、そのとおりです。

嫉妬の経済学を実現したら、実際のところ、どうなるかというと、すべての人が貧しくなって、平等になる以外にないのです。

「すべての人が貧しくて平等」ということは、言ってみれば、「拘置所《こうちしょ》や刑務所《けいむしょ》のなかの平等」のようなものです。極論すれば、最終的には、それと同じようになるのです。拘置所や刑務所に入っても三度の食事は出ます。同じ時間に起床《きしょう》し、同じ時間に寝《ね》て、同じ時間だけ労働をするなど、同じことを行います。

しかし、そういう「管理される社会」がよいわけではありません。すべての人にチャンスが平等に開かれるのであれば、この世において結果に差が出ることを、ある程度までは甘受しなければいけないのです。

手を差し伸《の》べなければいけないのは、前述した「セーフティネット」の部分に関してです。

また、空港や大きな港湾《こうわん》、高速道路など、将来の国家ビジョンにおいて必要なものをつくるために、その地域にある一軒や二軒、あるいは五軒や十軒の人たちが、「営業が立ち行かないから」というような理由だけで反対するのであれば、その財産に匹敵《ひってき》するだけの保障をすれば十分です。高速道路などの計画を全部潰してしまうほどの権利は個人にはないと思います。

私は、「国家の大事なものについて、代理人としての国会議員が判断し、多数決で決めたときには、私権が制限されてもやむをえない」と思うのです。

ただ、一般論として、個人の努力による発展・繁栄《はんえい》や私有財産を守らない国家は、基本的に共産主義に向かっていく国であり、そこにおける平等は、極論すれば、拘置所や刑務所の平等と同じなのです。

共産主義は、農村を中心とする農業国家以外には流行《はや》りませんでした。農業国家においては、現実に「貧しさの平等」が実現しやすいからです。

しかし、それ以外の国では、共産主義は流行らなかったのです。なぜかというと、工業においても商業においても、能力の差や商売のうまさの差など、いろいろな差が出てきて、結果を平等にできなくなってくるからです。

4　今後、企業《きぎょう》と宗教が果たすべき役割とは

企業《きぎょう》でできることに国が手を出すべきではない

チャンスの自由を等しく与え、その自由の結果、差が出すぎた場合には、どうしたらよいでしょうか。

その先例は、アメリカにあります。ビル・ゲイツやウォーレン・バフェットなど、お金をたくさん儲《もう》けた人は、アメリカには数多くいますが、個人で何兆円も儲けたような人たちは、たいてい財団をつくり、それを通して、世の中のためになるようなことをしています。

ロックフェラーもそうでした。彼は、若いころには金儲けに走り、ずいぶんあ

こぎなことをして、人々から恨《うら》みを買っていました。そして、五十代ぐらいで衰《すい》弱《じゃく》し、死にかかっていたらしいのですが、宗教的な信条に触《ふ》れて考え方を変え、ロックフェラー財団をつくって、「世のため人のために、儲けた利益を還元《かんげん》していく」という姿勢を取ったのです。

彼は、「儲けた利益の一部を世の中に還元し、いろいろな国に病院や学校をつくる」ということを財団で行いました。個人では、とてもできないことを、ロックフェラー財団でやり始めたら、彼は九十代後半まで長生きをしました。罪悪感の部分が取れたのでしょう。

この話からも分かると思いますが、私の基本的な考え方は次のようなものです。基幹的な産業やインフラなど、重要な部門は国家が関与すべきですが、「利益の多くを税金のかたちで吸い上げ、国家が一元管理をする」ということは危険なので、企業《きぎょう》でできることは、基本的に企業にやらせるべきです。企業でできることに、国があまり手を出すべきではありません。

「企業設立の自由」「事業経営の自由」を与えて、企業でできることは企業にやらせてよいのです。

また、企業が発展することによって解決できるものに失業問題もあります。失業対策では、基本的には失業者を企業に採用してもらうのがよく、「国のほうで補助金なり年金なりを支給して、生活の面倒《めんどう》をすべて見る」というような考え方は、人間の人生計画にとってよくないと思います。

世の中に自分の働きを還元していくのが人間としての筋であり、働いてお金を稼《かせ》ぐことが、人間の幸福にとっても、よいことなのです。

基本的に、企業でできることは企業でできるように支援《しえん》し、それを妨《さまた》げる規制が数多くあるなら、その規制は外していくべきだと思います。

失業者に「農業をする自由」を与えないのは憲法違反《いはん》

世の中には、さまざまな不自由があります。

例えば農業問題です。第3章において、「日本では、埼玉県《さいたまけん》ぐらいの広さに当たる農地が放置されているが、一方で失業者が大勢いる。農業のほうに人を送れないでいるので、何か手を打たなければいけない」ということを述べました。

日本の農業は、今、ある意味で憲法違反《いはん》の状態にあります。

株式会社が農業に参入するにしても、賃貸で土地を借りるしかなく、個人の場合も、農家に生まれなければ農地が手に入らないようになっています。しかし、これは「職業選択《せんたく》の自由」に反するのです。

失業中の人が、「この辺の田や畑が余っているから、そこで農業をやりたい。借金をしてでも、その土地を買い、農民になりたい」と思っても、現在の制度では、なかなかできません。しかし、これは憲法違反です。はっきりと、「職業選択の自由」や「法の下《もと》の平等」に反しています。

みなさんは、そういうことを考えたこともないでしょう。「農家は貧しいから守られるべきであり、そのための制限は憲法違反の対象にはならないだろう」と思うかもしれません。

しかし、誰《だれ》であろうと、荒《あ》れている田を整えてイネを植えたり、畑を耕して農作物をつくったりする自由を得てもかまわないはずです。それにもかかわらず、農地に関しては、かなり厳しい制限があると思います。

その背景には、「大地主は悪なので、戦後、大地主を追放し、小作農を個人で土地を持つ自作農にした。それは、よいことだった」という考え方があります。

それは一種の解放政策ではあったのですが、これによって、今度は、農家が土地を捨て、他の場所に出ていってしまうのであるならば、農地の所有に流動性を持たせなければいけません。そういう時期が来ています。新たに農民になる自由も与えなくてはいけないのです。コンビニが潰《つぶ》れたら農家に転じてもかまわないわけです。そういうことを考えなければいけないと思います。

宗教は社会福祉《ふくし》に対して非常に適性を持っている

失業対策においては、基本的に、企業を発展させることによって、企業が失業者を吸収できるようにしたほうがよいのです。国や地方公共団体が行わなくても、民間の企業ができるなら、それがいちばん望ましいわけです。

さらに、福祉《ふくし》の部分にも問題があります。福祉を目的として税金を多く課されるのであれば、これは非常に警戒《けいかい》すべきことです。

私は、「福祉にいちばん適性のあるのは宗教である」と思います。実際、宗教団体は、いろいろなところで福祉活動を行っています。宗教にとって、いちばん適性があるのは福祉なのです。

これから日本は高齢化《こうれいか》社会に入っていきます。このままでは、老人の割合が、人口全体の四分の一を超《こ》えて三分の一に近づくかもしれません。子供たちが、家を継《つ》がなかったり、独立して親元を離《はな》れたりしているなかで、国や地方公共団体に、「すべての老人の面倒を見なさい」と言うことには無理があります。

それに加えて、税金を納める人は減ってきています。

これは何かが失敗したのです。したがって、「日本は、宗教のところに、もっと力を入れるべきだ」と私は思います。今は、それが必要です。宗教の活動を活発化していくことは非常に大事なのです。

宗教は、社会福祉に対しては非常に適性を持っています。例えばマザー・テレサの活動を見ても分かるように、「病人や貧しい人たちを救っていく」ということに対しては非常に適性を持ち、ミッションを感じています。

ただ、日本には宗教団体が数多くあるのに、それらが社会福祉の面で十分に機能しているとは言えないでしょう。

それは、「日本には、宗教に対して非常に偏見《へんけん》があったり、後ろめたい目で宗教を見ていたり、宗教に入ることを嫌《いや》がったり、宗教を否定したりしている人が、あまりにも多い」ということと表裏一体であると思うのです。

日本人は、「宗教を信じますか」と訊《き》かれたら、二、三割の人しか、「信じている」とは答えません。お盆《ぼん》にお参りをするような、うっすらと信仰心《しんこうしん》を持っている人であっても、五十から六十パーセントぐらいです。唯物論《ゆいぶつろん》に洗脳された結果、現在の日本人の信仰心は、その程度になってしまっており、「自分は宗教を信じていない」と考えている人が数多くいます。

しかし、これからは、逆に、宗教の活発化、発展・繁栄《はんえい》を促《うなが》していきたいと思います。

そして、国は、「全国の宗教団体のみなさん、もう少し社会福祉活動に力を入れてください。国家も応援します。どうぞ、宗教団体でやれることは、やってください」と言うべきです。

宗教団体の手に余るようなことについては、国家が乗り出して行うべきですが、孤独《こどく》な老人を慰《なぐさ》めたり、老人の孤独死を防いだりすること、また、ある程度、体の不自由な人の世話をしたりすることも、基本的には、宗教の活動のなかに取り込《こ》んでいけるものです。

地域のネットワークをつくっていけば、それは十分に可能なことなのです。

宗教に所属することが「老後の安心」につながる社会へ

「国家が福祉を丸抱《まるがか》えで行うことが、非常に多額の税金を食うばかりでなく、実際には福祉が行き渡《わた》らなくて不満ばかりが出る」ということであれば、人々に対して、「一般《いっぱん》社会における定年の年齢である六十歳《さい》ぐらいになったら、どこかの宗教に所属してください」と私は勧《すす》めたいと思います。

老後は、あの世に行く時期も近いので、ある意味で、これは一挙両得です。どうか、できるだけ、どこかの宗教に所属してください。

そして、その宗教は、できるだけ、努力して社会福祉に参画してください。

それは一種のＮＰＯ（非営利団体）のようなものです。

そうすれば、孤独な老人たちに活躍《かつやく》の場を与え、人と話し合ったり付き合ったりする自由を与えることができます。

さらには、彼らのリハビリを手伝うこともできます。例えば、「計算や漢字を学ぶ」「歌を歌う」「語学の勉強をする」「散歩をする」などといった活動を支援し、機能回復を促すことができます。

これは宗教団体でもできることなので、やはり、宗教団体にお願いすべきだと思います。その意味においても、今後の高齢化社会において、宗教は非常に重要なものなのです。

国は、宗教を非常に否定的なもののように捉《とら》え、その活動を限定しようとするのではなく、むしろ、宗教に対して、積極的に社会福祉的な活動をしてもらうように働きかけるべきです。「老人、障害を持つ者、生活に苦しんでいる者、孤独な者などに対して、活発にアプローチをし、お世話のできる体制をつくってください」と、すべての宗教にお願いすべきだと思います。

これに関しては、「その宗教が、どの神を信じているか。その宗教の教義がどのようなものであるか」ということは、それほど関係がないはずです。そこに国家や裁判官などが立ち入る必要はないと思います。

できれば六十歳ぐらいで（実際には、もっと早いほうがよいとは思いますが）、働いて自活できる〝現役〟の限界が近づいてきたら、よいところを選んで、どこかの宗教には所属してください。

幸福実現党を旗揚《はたあ》げしている以上、所属する宗教として、幸福の科学をお勧めしたいのは当然ですが、ほかの宗教にも、ある程度よいものはあります。先祖代々の宗教、例えば浄土真宗《じょうどしんしゅう》や日蓮宗《にちれんしゅう》、真言宗《しんごんしゅう》などで、「どうしても、この宗教で」というものがあれば、それでもかまわないと思います。

それぞれの宗派には、社会福祉のために、一肌《ひとはだ》、脱《ぬ》いでもらうことです。その代わり、宗教に対する偏見や蔑《さげす》み、悪口《あっこう》・雑言《ぞうごん》を控《ひか》えてもらい、社会が宗教に対する信頼《しんらい》や尊敬の念を持つ方向に持っていきたいと思います。

宗教は大事な役割を持っています。私は、これからの社会福祉活動を担《にな》う使命を持っているのは宗教だと思います。

規制撤廃《てっぱい》と資金供給で企業《きぎょう》を繁栄《はんえい》させ、失業者を吸収させよ

同じように、失業対策を具体的に引き受けるのは企業《きぎょう》であるべきです。いろいろな規制を取り除いて企業を繁栄《はんえい》させ、それによって、できるだけ失業者を企業に吸収させていくべきだと思います。

その根本にあるのは何かというと、銀行等による資金供給の部分です。資金の確保をしなければ企業は成り立ちません。企業には、資本金や運転資金、ときには、不況《ふきょう》の乗り切り用の資金などが必要です。資金繰《ぐ》りがつかなければ企業は潰れるのです。

したがって、金融《きんゆう》機関は大事にしなければいけないと思います。金融機関が資

金をしっかりと供給できる体制を組むことが大事です。

一方、企業に対しては、「雇用《こよう》を増やしてください」とお願いをすべきです。民間でできることは民間でやり、国家がやることは、その残りの部分です。

前述したように、社会福祉についても、宗教でできることは、できるだけ宗教にお願いをすべきだと思います。

日本には宗教法人が約十八万もあるので、そのなかには資金の豊かな宗教もあるでしょう。その資金を無駄《むだ》なことに使わずに、社会福祉に当たる部分で活動を展開してもらえれば、ありがたいと思います。

救うべき人は、アフリカやインドばかりではなく日本にもいるのです。宗教の使命をもっと認めるべきです。

宗教の善なる使命を、国家として後押《あとお》しする姿勢を見せるだけでも十分だと私は思います。宗教に対する偏見をなくし、できるだけ宗教にも活動してもらい、社会福祉や老人問題に関与してもらおうとすることが大事なのです。

店舗《てんぽ》や交通機関などが営業時間を延ばせば、雇用《こよう》は増える

失業対策的なものは、まだたくさんあると思います。

東京など都市部の街中には、午前十一時ぐらいに店を開けて、午後八時ぐらいに店を閉めているところが数多くあります。従業員は、昼食で一時間休めば八時間労働です。これは、「従業員を一回転だけで回していて、二回転制にはしていない」ということです。

ところが、もう少し長く店が開いていたほうがよい場所も多数あります。そういうところでは、朝、店が開いていなくて、どこもシャッターが下りていると、非常に不便です。

早起きタイプの人にとっては、「十一時まで店が開かない」というのは、たま

らないことです。これでは、日中の重要な時間帯に買い物に行かなければいけなくなります。

しかし、朝の八時から買い物に行けたら、九時から仕事ができます。ありがたいことです。その意味では、七時や八時から働いてくれても、いっこうにかまわないのです。

夜も、学校や仕事を終えてからでも行けるように、遅《おそ》くまで開いていてくれても、いっこうにかまいません。日中は、仕事を途中《とちゅう》で抜《ぬ》け出さないかぎり買い物に行けないようでは、本当は困るのです。

このように、失業対策的に使えるものは数多くあると思います。

また、日本の交通機関は、なかなか二十四時間制にはならないようですが、ニューヨークでは、かなり以前から、地下鉄が二十四時間、走っている状態です。

「地下鉄が二十四時間、走っている」ということは、「二十四時間、地下鉄の利用者などを受け入れる部門がある」ということです。要するに、タクシーもあれば、飲食店も二十四時間、営業しているわけです。

空港についても同様のことが言えます。空港付近は、なるべく二十四時間体制をつくれるようにすべきです。国際便の場合には、時差によっては昼と夜が引っ繰り返ることもあるので、日本の時間だけに合わせるべきではないのです。

空港近辺には、〝二十四時間都市〟を数多くつくっていく必要があります。そうでなければ、早朝や夜中には非常に不便だと思います。

このように考えると、失業中の人たちの雇用先《こようさき》は、まだまだあると思います。

時間概念《がいねん》を変えていくことを、もっと考える必要があるのではないでしょうか。

5　個人の努力が報《むく》われる社会づくりを

「自由か平等か」と問われたら、迷わず自由を選べ

本章では、「国家経済と人間の自由」というテーマについて述べてきました。

私は、統制経済型のものは勧《すす》めません。そういうものは、できるだけ最小限に抑《おさ》え、企業《きぎょう》や個人の努力が報《むく》われる社会をつくっていくべきです。

もちろん、そのためのインフラを整備したり、「チャンスの平等」を与えるために、できるだけ努力することは大事なことだと思います。

ただ、「自由か平等か、どちらかを選べ」と言われたら、迷わず自由のほうを選んでください。

自由より平等を選んだら、必ず自由は死滅《しめつ》します。平等を選んだ場合には、極《きょく》端《たん》まで行くと、最後は結果平等に必ず行き着きます。この結果平等は「貧しさの平等」なのです。

なぜなら、平等を言う以上、そこからは、いかなる成功者も出てこなくなるからです。結果的な平等を求めたら、成功者は出てこなくなります。成功した人は、「悪いことをした人」か、「税金を吸い上げるための対象」にしかならないので、企業努力をする人がいなくなるわけです。

したがって、「自由か平等か」ということなら、自由のほうを選ぶのがよいのです。

成功者は「宗教的な慈悲《じひ》の精神」を実践《じっせん》すべき

そして、前述したように、自由の行使の結果、事業などで成功した人は、いろいろなかたちで、それを社会に還元《かんげん》していく努力をすることです。

私は、「騎士道《きしどう》精神」という言葉を使うことがありますが、それは、この世的な言い方であり、別の言葉で言えば、「宗教的な精神」でもあります。

そういう「信仰心《しんこうしん》に溢《あふ》れた慈悲《じひ》の行為《こうい》」に取りかかるべきです。人生の前半において、事業の成功に向けて努力をし、それで成功したのなら、人生の後半においては、それを元手にして、慈悲の行為を実践《じっせん》していったほうがよいのではないでしょうか。

そうすれば人生は〝二毛作〟となり、非常に楽しいと思います。「若いころには、事業を大きくするために、一生懸命《いっしょうけんめい》に働き、晩年になったら、成功して得られた組織やお金を元手にして、それを社会に還元していく」ということは、実に楽しいことだと思うのです。

「国家に税金を納めても、そのお金が何に使われているのか分からない」ということより、ロックフェラーのように自分たちで財団をつくり、「ここに病院を建てたい」「この地域の人たちを救いたい」というようなかたちで自分の財産を使えることは、企業家にとって、実に楽しく、うれしいことだと思います。「自分が蓄財《ちくざい》したものを自分が自由に使っていける」ということは大事なことです。

私は、企業家に対して、「しっかりお金儲《もう》けをして大きくなったら、人生の後半においては、それを社会に還元していくことが大事です。それは、騎士道精神、あるいは宗教的な慈悲の精神を推し進めることでもあるのです」ということを教え、そういう人が数多くいる社会をつくっていきたいのです。

いずれにしても、やはり、「信仰の自由」というものを、もっともっと後押《あとお》しする必要があります。

そのためには、「宗教が政治に対して一定の発言力を確保する」ということが非常に大事です。

このたび、幸福実現党という宗教政党が旗揚《はたあ》げをし、大をなそうとしていることは、決して野心や野望ではなく、国家の未来戦略にとっても非常に重要なことなのです。

「国民にとって大事なことを教えなければいけないし、それは政治と連動しなければいけない。そういう時期が来ている」と私は考えています。

その意味では、「宗教政党を歓迎《かんげい》するような国論を起こしていくことが重要である」と思います。

第5章

幸福の具体化について

1　幸福実現党の立党理念

「人類幸福化運動」が幸福の科学の出発点

いよいよ、幸福の科学が、本腰《ほんごし》を入れて新しい活動に乗り出すときが来ました。

すでにご承知のとおり、「幸福実現党」という政党を結成しました。私も、『幸福実現党宣言』（幸福の科学出版刊）という本を書きましたが、「幸福の科学を母体として、新しい政党を出発させる」という、非常に重要で、かつ、厳しくもあり、勇気の要《い》るときを、今、迎《むか》えていると思います。

そもそも、「人類幸福化運動」が、幸福の科学の出発点における趣旨《しゅし》であり、この人類幸福化運動のなかには、当然ながら、この世において生きている人々が実際に幸福になるための活動を、含《ふく》んでいなければならないのです。

私は、宗教家として説法をし、宗教活動のなかで幸福を具体化することも、かなり行ってはきましたが、残念ながら、現実に生きている数多くの人たちを救済し、幸福にしていくには、それだけではまだ十分ではないと考えます。必要条件ではあっても十分条件にはなりえていないと思うのです。

「宗教と政治の両面からアプローチをかけて初めて、幸福が具体化していくための必要十分条件が整うのだ」と私は考えています。

今回、政党を設立し、政治運動に具体的に取りかかるわけですが、その活動は、当会特有の速さで、あっという間に始まっています。「足かけ三週間で政党が出来上がっている」という速さです。普通《ふつう》であれば、三年ぐらいはかけるか、速くても一年はかかるところを、「三週間で政党が出来上がってしまう」という超《ちょう》スピードで物事が進んでいます。幸福の科学は仕事が速いのです。

ただ、政党の構想自体は、最近のものではありません。すでに三十年近い昔、一九八一年、私に天上界《てんじょうかい》から霊示《れいじ》が降りたころから、政治活動についてはもうすでに視野に入っていました。

私は、「おそらく政治活動にも取り組むだろうが、その段階に行くまでに、宗教団体として、ある程度の規模が確立されなければ無理だろう。宗教として一定の規模を確保することが必要であり、基本教義、活動形態、運営形態などが確立し、少なくとも全国三百支部体制ぐらいまで固まらなければ、政治活動には取りかかれないのではないか」と考えていたのです。

三十年近く前から、私はそのように思っていましたが、今、現実にそのスタートラインに立ち、年内五百支部体制に向けて支部分割をさらに進め、必勝体制を築きに入っています。

また、海外についても、国際展開への布石は、この二年間で打ったので、今後、海外で幸福の科学の会員が勢いよく増えていくでしょう。

あとは、「具体的な政治活動を担《にな》うだけの内容をつくれるかどうか」ということにかかっていたため、ここ一、二年の説法において、折々に政治的な内容も述べてきました。

一方、『幸福実現党宣言』のように、短期間でつくった本もあります。第1章「幸福実現党宣言」は二〇〇九年四月三十日説法、第2章「この国の未来をデザインする」は二〇〇九年五月六日説法、第3章「『幸福実現党』についての質疑応答」は二〇〇九年五月七日説法となっていて、わずか数日でできています。

同書の第1章では、日本国憲法の改正点等についての講義をしていますが、これなども、その当日の午前中に、「今日は憲法改正についての話をしようかな」と思い立って、憲法の条文だけを見ながらいきなり講義をしたものです。準備時間は、わずか数秒であり、ほぼゼロに等しいのです。

私は、常に、日本全体、世界全体のことを考え続けているので、準備なるものはほとんど要らないのです。いつも考え続けていることについて、その時期が来たときにスタートを切るだけのことなのです。

「国師《こくし》」として、日本の進むべき道を指し示したい

『幸福実現党宣言』および『国家の気概《きがい》』（幸福の科学出版刊）、そして、今年の五月に入ってから行った政治関係の説法をとりまとめた本書『政治の理想について』などによって、幸福実現党の政策の内容が明らかになってきたのではないかと思います。

「現在ただいまの経済をどうするか」「失業問題をどうするか」といった短期的目標、政策綱領《こうりょう》などについては、党からいろいろと説明がなされると思うので、私からは、幸福実現党を構想した創立者、創唱者としての立場から、「長期的な

視野で、どういう方向を見ているか。これから先、どういう方向に、日本を、そして世界を導いていこうとしているのか」ということについて述べておきたいと思います。

それを知れば、今年の動きはともかく、今後、進んでいこうとしている方向が見えてくることでしょう。

自民党や民主党などは、もう私の視野のなかに入っていません。

私としては、とにかく、やるべきことを進めていくのみです。私は、国家ビジョンおよび世界ビジョンをつくれる、ただ一人しかいない宗教家なので、それをつくっていきたいと思っています。

『幸福実現党宣言』の「まえがき」には、「二〇〇九年五月吉日　国師《こくし》　大川隆法」と書きました。初めて、肩書《かたがき》として「国師」と書いたのです。

これは私の意気込み《いきご》を表したものであり、自分としては、実際に、そのように思っています。今、私以外に「国師」ができる人がいると思えないので、そのつもりで、この国を導くティーチャーとしてやっていきたいと考えています。

これは幸福の科学の目的に添《そ》うものであると思います。

憲法論等に関しては、これから、いろいろと議論を積み重ねていき、発表されることでしょう。政教分離《ぶんり》など、技術的な議論はありますが、私の側から述べたいことは、「神仏の言論の自由もあるのだ」ということです。「神仏に政治的発言をさせない。神仏は、一切《いっさい》、政治に口出ししてはならない」などというような法律を、人間はつくってはいけません。当然のことです。

この世の政《まつりごと》について、神、仏、高級霊《こうきゅうれい》、天使、菩薩《ぼさつ》たちは、非常に関心があります。当たり前のことです。よい国をつくらなければ、犯罪が増えたり、大勢の人が苦しんだりすることになるので、「よい国づくり」については、昔から、神仏も関心を持っているのです。

したがって、神仏の口封《くちふう》じをし、その言論の封殺をすることは、やはり人間としては度が過ぎていると思われます。技術的な議論については法律的に説明はなされますが、ただ、「基本的に、神にも仏にも、政治に口を出す権利はあるのだ」ということなのです。これについて、「基本的人権ならぬ〝基本的神権〟がある」ということを言っておきたいと思います。

すなわち、「政治について何も言わないで、神、仏と言えるか。高級霊と言えるか。菩薩や天使と言えるか」ということです。当然、言うべきです。この世に生きている人間は先が見えないので、少しでも先が見える者として、言う資格はありますし、言うべきであると思います。

今のままで、この国が漂流《ひょうりゅう》していってよいわけはありません。この国のみならず、世界も漂流しかかっているので、この漂流を止めて、進むべき道をはっきりと指し示すことが、私の仕事であると思っています。

そういう意味で、「個人の心の平和」「魂《たましい》の救済」という仕事も、当然ながら続けていかなければなりませんが、「現実の生活において、苦しんでいる人たち、あるいは幸福を願っている人たちの手助けをする」という仕事もしたいと考えています。そこで、その具体的な機関として、幸福実現党というものが必要だと考えるに至ったわけです。

「幸福実現」こそ、この政党のミッション

「幸福実現党」という党名どおり、もし幸福が実現しなかったら存在意義はありません。名前自体のなかにミッションがはっきりと入っているのです。

幸福実現党に反対する方は「不幸になりたい人」ということになります。不幸になりたい人を助けられるかどうかについては、一定の疑問はありますが、不幸になりたい人をも何とか導きたいとは思っています。ただ、少なくとも、幸福に

なりたいと思う方には、「幸福実現党を支持してください」とお願いしたいのです。幸福の実現が私たちのミッションだからです。

〝不幸実現党〟に行きたい方は、ほかの政党を選ぶのも一つの道かと思いますが、幸福になりたいのであれば、ぜひ幸福実現党を推《お》していただきたいと思うのです。

幸福実現党は、幸福の科学という宗教団体の信仰《しんこう》と教義に基づいた政党ではありますが、現時点では日本国内の政党であり、幸福実現ということに関して、日本人全員に門戸を開くつもりです。幸福実現という趣旨に賛同される方であるならば、あらゆる宗教に属する人たち、および、まだ宗教に目覚めていない人たちとも、共に道を歩んでいきたいと考えています。

そういう意味において、ある程度、宗教とは違《ちが》ったかたちでの活動になることは事実です。その程度の度量は私たちにはあるつもりです。

現に他の宗教を信ずる人や、他の政党に属する人であっても、この幸福実現党の趣旨に賛同される方は、参画していただいて結構なのです。

もともと、宗教団体としての幸福の科学においても、「他の宗教に属している場合には、そこを完全にやめなければ来てはいけない」というようなことはありません。そんな狭量《きょうりょう》な宗教ではないのです。

先祖代々ほかの宗教に属していて信仰している人、現職で宗教家をしている人であっても、教団を混乱させたりすることなく、「まじめに勉強したい。修行したい」ということであれば、受け入れています。仏教の僧侶《そうりょ》や、キリスト教の牧師など、いろいろな宗教に属する人でも、幸福の科学でまじめに勉強している人がたくさんいます。

宗教としても、それだけ門戸を開いているので、政治活動としても、当然ながら開いていくつもりです。

もちろん、選挙においては他党の候補者と競争になることもあるとは思いますが、それは、あくまでも、伯仲《はくちゅう》したテニスのゲーム、あるいは、リングの上でのスポーツのようなものです。

言葉の応酬《おうしゅう》等の〝ゲーム〟はあるかもしれませんが、選挙が終わった段階においては〝試合終了《しゅうりょう》〟であって、あとは元どおり全国民の幸福を目指した活動に入ります。

選挙では論敵、政敵であった人たちも、私たちが幸福にしようとしている人たちであることは間違いありません。

したがって、ゲームとしての選挙が終わったあとは、手を携《たずさ》えうる勢力とは、共にいろいろと協力していきたいと思っていますし、幸福実現党を批判した人をも幸福にするだけの度量は持っているつもりです。

以上が幸福実現党の抱負《ほうふ》です。

2　日本は「三億人国家」を目指すべき

短期的な問題については、党のほうでかなり具体的に詰《つ》めているので、私からは将来構想について幾《いく》つか述べておきたいと思います。

「この国を、どのように導いていきたいと考えているか」ということです。

もちろん、宗教政党ができることによって、宗教がバックボーンとなり、この国が一本筋の通った気概《きがい》のある国家になるということは、非常に大事なことです。

戦後、信仰心《しんこうしん》を否定することが主流になり、勇気のない国民性が出来上がっているので、「一本、信仰心の筋を通して、気概のある国家をつくる」ということは、非常に大事なことであると思っています。

それ以外にも、宗教的な部分を離《はな》れて、いわゆる政治経済の次元で見たときに、国家構想として幾つかなしたいことがあります。

現在、日本においては、「将来的に人口が減っていき、高齢者《こうれいしゃ》が増えていく」という少子高齢化の問題や、財政赤字の問題等があり、「今後、国力が衰退《すいたい》していくのではないか」という悩《なや》みがかなりあると思います。

これに関して、私は基本的に、「どういう国をつくるかということは、やはり『構想』によって導いていくことができる」と考えています。

以前にも述べたことはあるのですが、単刀直入に言うと、私は、日本の国を「三億人国家」のレベルまで成長させたいと思っています。現在は一億三千万人程度ですが、これを三億人国家にしたいのです。

時期としては、できれば二十年以内、すなわち、二〇一〇年からスタートするとして、二〇三〇年ぐらいまでには三億人国家を形成したいと考えています。

そのうちの二億人以上は日本人であってほしいと思うので、日本人が二億人以上になるぐらいまでは持っていきたいのです。

今は、子供が一人しかいない家庭が多くなってきているので、将来ビジョンとして、できれば、一家庭で平均三人ぐらいの子供を持てる社会になるように、下支えをする政策を形成していきたいと考えます。「子供は三人ぐらいが普通《ふつう》である」というかたちにして、人口が増えていくようにしたいのです。そうすると、だいたい二〇三〇年ぐらいには、日本人だけで二億人前後は行くはずです。

さらに、次の代の子供も生まれてくるので、もう少し増えるかもしれませんが、少なくとも二億人は行くでしょう。

そして、「子供を三人以上産んだ女性は、生活苦になって路頭に迷ったり、晩年に悲惨《ひさん》な最期《さいご》を遂《と》げたりするようなことは絶対にさせない」ということを国家目標とし、不退転の決意で、国として後押《あとお》ししたいと思います。「子供をたくさん産んで失敗した。おかげで、こんなにひどい目に遭《あ》った」ということを絶対に言わせないように、具体的な政策をつくっていきたいと考えています。

3　国際化を進め、「第三の開国」を

外国人から見ると日本は「夢の国」

それから、日本の国際化の問題があります。

世界の歴史を見ても、最高の繁栄《はんえい》を誇《ほこ》った国および都市は必ず国際都市になっています。例えば、近年で言えば、ニューヨークがそうです。いろいろな人種の人が集まってきて活躍《かつやく》することが、発展の原動力になっています。

古くは、唐《とう》の都・長安《ちょうあん》などでも、いろいろな国の人が集まってきて活発化して

いた時代があります。さらに、もう少し前には、古代エジプトの首都や、古代のローマなども世界都市でした。

やはり、世界の国の人たちが集まってきたいと思うような国でなければ、最高の繁栄はやってこないのです。

今までの日本は、「単一民族国家であって他民族が入ってこないため、ある程度、高度な平等を享受《きょうじゅ》できて幸福だ」というレベルでした。しかし、これからの目標、国家戦略を考えたときに、世界第二位の経済大国にまでのし上がった段階では、そういう考え自体が、やや、わがままに見えるようになってきたのです。

中クラス程度の国であれば、それでもよいのですが、これだけの大国になったら、やはり、それなりの義務や責任があるので、世界の人々に対する具体的な導きの活動が必要だと思います。

アジア・アフリカの国々、あるいは、その他の国から見ても、日本の国は本当に「夢の国」です。ただ、夢の国ではあるのですが、彼らから見ると、鎖国《さこく》状態に近く、そう簡単に入ってこられないのです。勉強に来るのも大変だし、就職するのも大変なのです。

例えば、幸福の科学のブラジルの会員が、当会の製作した映画を日本に見に来ようとすると、交通費が三十万円かかりますが、それが本人の年収に当たる人もブラジルには数多くいるのです。今、年収三十万円で働いている日本人はほとんどいないと思います。

したがって、日本に来て、いちばん安いほうの賃金で働いたとしても、実は母国での収入の十倍ぐらいになるわけです。ネパールやインドから来ても同じような状況《じょうきょう》ですし、ほかのアジアの国やアフリカなども、おそらく同様でしょう。

日本は、年収が母国の十倍にも百倍にもなるような夢の国なので、外国の人は日本に来たくてしかたがないのですが、かなりのバリア（障壁《しょうへき》）があって、なかなか入れないわけです。それは、やはり、昔ながらの単一民族と平等性を守ろうとする強い意志が働いているからだと思われます。

日本では、「外国人が来ると、必ず犯罪が起きる」というような感じで、犯罪報道だけがやたらになされるため、「日本に入ってくると犯罪を起こすから、外国人は怖《こわ》い」というイメージが、かなり焼きついているかもしれません。しかし、それは考え方しだいだと思うのです。

「国際都市として開いていく」という考え方をつくれば、それなりに道は違《ちが》ってくるはずです。

日本語教育を強化し、国籍《こくせき》取得の道を開くべき

今の日本は、少なくとも、外国人にとって住みよい国にはなっていません。それを一つの視点として持たなくてはならないと思います。

特に、人口が百万人以上を数えるような大都市であるならば、徹底的《てっていてき》に、外国人が住みやすい町づくりをするべきです。特に、言葉の壁はそうとう厚いので、百万人都市ぐらいであれば、英語を準公用語として使えるようにするなど、国際都市に変わっていく努力が必要です。

逆に、日本語教育を広げる努力も必要でしょう。外国人に対して、日本語を習得する機会を数多くつくってあげる必要があります。今、門戸を開けば、外国から外国人労働者はたくさん入ってくるでしょうから、日本語習得への道を開く必要があると思います。

例えば、公立の小学校や中学校、高等学校等はたくさんあるので、夜間や土日など、校舎が空いているときに、外国人が日本で働きながら日本語の学習ができるような機会を数多くつくってあげるのです。

それは必ずしも国営事業である必要はありません。学校さえ使わせてあげれば、塾《じゅく》のような形態でも十分でしょうし、ＮＰＯ（非営利団体）などのボランティア的な活動でも十分に可能だろうと思います。教える人は、主婦や会社を退職した人など、特別な教員資格を持っていない人でもかまわないのです。日本人として、きちんと日本語が話せて仕事ができ、一定の教養レベルを持っているような人であれば、面接程度で、日本語を教える資格を付与《ふよ》してよいと思います。

現在、公立小学校だけでも全国に約二万校あり、夜は空いているわけなので、そういう所を開放し、外国人に、「昼間は働いて、夜は日本語の勉強をする」という機会を数多くつくっていくことが大事です。

そして、外国から来た労働者が、日本の国籍《こくせき》を取得しやすくすることも必要です。まず、「日本で五年ぐらい働いて、その間、犯罪を犯さず、勤務状態、労働状態等も優良で、国に税金を納められるレベルの仕事をしている」ということを前提とします。さらに、「日本語の読み書き能力が中学卒ぐらいまで来ていて、日常の会話もある程度できる」というレベルが確保でき、「万一《まんいつ》、日本が外国から攻《せ》められた場合には、日本のために戦います」ということを宣誓《せんせい》すれば、日本の国籍を取得できることにしたらよいのです。

最後の宣誓の部分は、アメリカ合衆国では現実に行われていることです。アメリカ国籍を取るために、「アメリカのために戦います」ということを星条旗に向かって誓っています。同様に、「万一、日本が、外国によって攻められたときには、日本の国の防衛のために戦います」という宣誓ないし署名等をすれば、日本国籍を付与してもかまわないのではないかと私は考えています。

そういうかたちで、外国人であっても日本国籍を取れる人が増えてくることは、ありうると思います。

日本人にとって、外国人に対する、いちばんの恐怖《きょうふ》は、「日本語が通じない」ということでしょう。その言葉の壁のところを、ある程度、クリアしなければばいけないので、外国人に対する日本語教育の機会を広げることが大事です。また、日本のなかに、英語が使える場所を数多くつくっていく努力も必要です。

世界中から「労働者」と「大富豪《だいふごう》」を呼び込《こ》める政策を

日本に来たいと思っている外国人には二種類あると思うのです。

一つは、高い収入を求めて来る場合です。今、日本の就業人口は、給料のより高い仕事のほうへと移動しています。そのため、給料のあまり高くない、厳しい労働のところでは、仕事がたくさんあるのです。そして、外国から見れば収入が十倍になるので、そうした部門へ流入してくる人も一部にはいるでしょう。

例えば、農業部門を取ってみると、日本の食料自給率はカロリーベースで四十パーセントです。穀物の自給率は二十八パーセントしかありません。

では、現実に農地が足りなくてそうなっているのかといえば、そうではありません。日本には、耕されずに放置されている農地、使われていない水田などが、合わせると埼玉県《さいたまけん》ぐらいの広さで存在するのです。農業を専業で行っている人が少なくなっている状況です。

戦後、大地主を追い出して小作農を自作農に転換《てんかん》させたことは、民主政策として成功したように言われていましたが、その結果、農業を継《つ》がない人がたくさん出てきて、食料自給率にも影響《えいきょう》が出ているわけです。

これについて、私は、大地主が復活してもよいのではないかと考えています。農家に生まれた人は、自分自身はほかのところに勤めてもかまわないので、地主として、その農地を外国から来た労働者に貸し出し、小作農をしてもらえばよいのです。そのようにすれば、農産物の増産のための仕事をつくり出すことができます。

また、漁業関係も、後継《あとつ》ぎがずいぶん少なくなっているので、そちらのほうでも、同じようなかたちで外国人労働者が入る余地はあると思います。

あとは、もちろん、工場労働者として外国人が入る部分もあるでしょう。

これらの仕事は、あまり難しくなく、高度な技術を必要としないレベルの仕事です。

そして、日本に入ってこない、もう一種類の外国人は、「大金持ち」です。日本には、いわゆる外国の大富豪《だいふごう》が入ってこないのです。それは税制が悪いからです。明らかにそうです。本当は、ユダヤ系の大資本家やアラブの大富豪等も、東京辺りに住めるようにしていくべきです。

これは税制の問題であり、彼らは、税金をたくさん取られるといられないので、税金の安いところへ必ず移動していきます。

そこで、まずは相続税を廃止《はいし》すべきです。これは幸福実現党の綱領《こうりょう》やPR文書のなかにも入っていますが、相続税を廃止するだけでも、世界の大富豪たちは日本に永住するようになってきます。

それから、外国の資本家を日本に住まわせる際には、もちろん、相続税だけではなく、働いている間にかかる税金の税率についても優遇《ゆうぐう》していく必要があると思います。

実は、ユダヤ系の大資本家やアラブの大富豪などが日本に住んでくれることは、国防上も非常に重要なことなのです。彼らが東京に住むようになると、世界の情勢や、戦争の原因になる行為《こうい》等が全部分かるようになります。東京が国際都市になる意味でも非常に重要なのです。

ユダヤ資本が、欧米《おうべい》のメディアや金融系《きんゆうけい》の利権のほとんどを握《にぎ》っているので、彼らを日本に呼び込《こ》むことは非常に大事なことですし、また、アラブの大富豪を日本に呼び込むことも大事だと思います。都市部においては、こうした大資本家も住めるような政策を立てることが必要です。

日本は「第三の開国」を果たせ

以上のように、日本の国内の人口を増やしつつも、一定の条件で外国人の日本への流入を認めて、国際都市化を目指していくことが重要です。

これは「第三の開国」です。明治維新《いしん》を第一の開国とすれば、敗戦後が第二の開国で、今回は第三の開国に当たります。要するに、「〝鎖国体制〟から国際社会化を進めていく」という、日本の国際化です。

そのためには、嫉妬《しっと》社会をやめて、「祝福社会」へと移行していくことが必要です。同質性を強調して結果平等を求め、成功者を「結果平等に反するものだ」として嫉妬するような社会は、そろそろ卒業すべきです。これは、基本的に農耕社会のあり方です。そういう社会を卒業して、嫉妬社会から祝福社会へと移行することが大事だと思います。

国家の方針として、とりあえず、「人口増」ということを掲《かか》げれば、老人福祉《ふくし》の問題や、財政赤字の問題など、将来的な問題はほとんど解決していくのです。人口が増えていけば、あらゆる産業がすべて立ち上がってきて、景気は回復していきます。

したがって、基本的には、「人口を増やしていく」という方針で考えていけばよいと思います。

日本は本当に夢の国なので、日本に移り住みたい外国人は数多くいます。日本人だけで人口を増やせない場合には、外国人を増やせるような条件をできるだけつくっていくことが大事です。この人口政策のところを、一点、述べておきたいのです。

4 交通革命によって地球を一つに

全世界を新幹線で結ぶ構想

さらに、未来社会に向け、大胆《だいたん》な「交通革命」を構想しておく必要があると思います。

私は今、北朝鮮《きたちょうせん》や中国本土の政治体制を、自由で民主主義的な体制に変えるべく、一生懸命《いっしょうけんめい》に揺《ゆ》さぶりをかけています。この二つの国が、今の共産主義、社会主義系の思想の下《もと》に軍国主義化した場合には、日本は、この両国と仲良く生きることができません。したがって、西側諸国型の社会に切り替《か》えさせようと、一生懸命に揺さぶりをかけているところですが、私はその後の構想も持っています。

今世紀の前半には朝鮮半島の統一がなされると思いますが、北朝鮮が民主化、自由化したあとには、海底トンネルで九州と朝鮮半島を結び、朝鮮半島から、自由化した中国まで、新幹線もしくはリニアモーターカーで結んでいきます。

次に、シルクロードを通って、インド、西南アジア、ヨーロッパへと結び、ドーバー海峡《かいきょう》を越《こ》えてイギリスを通り、さらには、北欧《ほくおう》からロシアへ回って、シベリアから北方四島へ橋を架《か》けます。そして、日本に帰ってくるわけです。

そのように、新幹線もしくはリニアモーターカーでユーラシア大陸を一周できるようにし、「ユーラシア共和国」ふうに、日本を起点として全部を結ぶようにしたいと考えています。

この構想の障害になるものは北朝鮮と中国の政治体制なので、これを変えたいのです。

もちろん、アフリカも現状のままではかわいそうです。アフリカの発展はぜひとも必要です。アフリカにも新幹線かリニアモーターカーをグルッと一周させたいのです。そして、全アフリカ国家の経済発展を促《うなが》し、日本の昭和三十年代から四十年代にかけての発展のような状況《じょうきょう》を、アフリカにも、もたらしたいと思っています。

また、新幹線の技術は、今、アメリカに入るかどうかが検討されているところですが、アメリカ合衆国から、カナダ、北欧の方面にも、新幹線もしくはその進化型としてのリニアモーターカーを走らせたいのです。

アメリカは、自動車社会で石油を大量に使うために、二酸化炭素がたくさん出て困っているのでしょうから、新幹線を走らせたらよいのです。国が大きいので、日本以上の速度が出せるでしょう。時速五百キロぐらいを出すことも可能ではないでしょうか。

さらには、南米にも、新幹線ないしリニアモーターカーをグルッと一周させ、各国を結んでいきたいと思っています。

これは地上レベルの交通革命です。

国産スペースシャトルで日米間を二時間で結ぶ

航空レベルでの交通革命としてはスペースシャトルがあります。今すでにあるスペースシャトルは、いったん成層圏《せいそうけん》を越えて宇宙空間を飛んでいくもので、地球を約九十分で一周します。

このスペースシャトルを旅客便で使えるレベルに進化させる必要があります。そして、国産のスペースシャトルをつくり、日本とアメリカ間、日本とヨーロッパ間を、片道二時間以内で移動できるようにします。あるいは、オーストラリアであれば一時間で行けるようにします。

こういう交通革命を起こしたいのです。

空の部門の開発に関しては、徹底的《てっていてき》に、国による投資をしてかまわないと思います。空のところを開かなければ、未来はありません。空の移動時間を短縮することは非常に大事です。

日本からアメリカへ行くのに十二時間も十三時間もかかるなどというのは、時間が惜《お》しい人にとっては、許しがたいことです。一時間か二時間で行けるようにしてもらいたいものです。それは、成層圏を越えて宇宙空間を飛んで行けば可能なことです。スペースシャトルはすでに実用化はされていて、まだコストが高いだけなので、もっと頻繁《ひんぱん》に利用することで、商業ベースに乗せられるところまでコストを下げればよいわけです。

例えば、日本からアメリカへ行く便であれば、毎週のように利用する人はたくさんいるでしょう。「日本の空港から外国の空港まで二時間以内で行ける」ということになれば、外国が非常に近くなります。新幹線で東京から大阪《おおさか》へ行くよりも近いぐらいの感覚になってきます。

こうした交通革命によって、世界の国々は非常に身近なものになってきて、地球が一つにまとまってくる時代になるでしょう。

5　日本から世界へ幸福を広げよう

「幸福実現のシステム」を世界各国に輸出したい

幸福実現党の運動が日本で成功したならば、将来は、世界各国に幸福実現党の分身とも言うべき政党を立ち上げていきたいと思います。

もちろん、海外での伝道活動があってのことですが、幸福実現党のノウハウを他の国に輸出したいのです。アメリカは、現代民主主義の輸出国であり、アメリカ型デモクラシーを世界各国に輸出していますが、今後は、「日本型の発展繁栄《はんえい》を含《ふく》む幸福実現のシステム、方法」を世界に輸出したいと思っています。

幸福実現党は、日本を出発点としますが、やがて世界各国に旗揚《はたあ》げしていきたいのです。インドにも、アフリカにも、ヨーロッパにも、アメリカにも、南米のブラジルなどにも、当然、幸福実現党ができることでしょう。そこまでの構想を持って、活動をスタートしたいと考えています。

二十一世紀における仕事はたくさんあります。やるべきことは数多くあるのです。日本が没落《ぼつらく》し、衰退《すいたい》し、単なる後進国に転落していくのを、座して見ているようなことはしたくありません。この夢の国を世界に広げていきたいのです。

夢の国も、もう少しで完成するところまで来ているのですが、まだ、宗教性が足りず、勇気のない人間ができていることなど、教育面等での弱点があります。

そこで、もう一段、政治の内容をよくしながら、世界各地に幸福な人たちをつくっていきたいのです。

例えば、前述した食料の問題でも、飢饉《ききん》や栄養失調で苦しんでいる人たちは、世界で八億五千万人はいると言われています。

これについては、新しい技術開発を行い、「いかに低コストで食料増産ができるか」ということに取り組む必要があります。そうすれば、こうした飢餓《きが》の問題は乗り越《こ》えることができるはずです。

日本の高度な技術を使って取り組むべきです。日本のなかでは農業の評価は低いかもしれませんが、少なくとも技術水準は世界一なので、さらに研究を進め、世界で飢餓のなかにある八億五千万の人たちを救う努力をすべきです。それは、生産性を上げることで可能です。

すでにあるものとしては、例えば、一本のトマトの木から一万個以上もの実が採れるような技術の研究が進んでいます。このような、生産性を上げる農業をつくらなければ駄目《だめ》です。そうすれば、今、餓《う》えている人たちが、餓えずに済むようになります。

また、現在、貧しい国々が、工業を興《おこ》していくための方法についても指導できると思います。

そのように、科学技術や工業技術の面でも、日本が貢献《こうけん》できるところは数多くあります。

キリスト教とも、イスラム教とも、その他の宗教とも、融和的《ゆうわてき》に対話を進めながら、世界をユートピアへ変えていきたいと強く強く願っています。

「未来の政党」による新しい政治を

私は、以上のようなことを考えているので、自民党も民主党も、私の視野からは消えているのです。それらは、もう過去の政党です。

私は、二十一世紀の最後まで、すでに見通しています。あとは具体的な努力だけです。決して恐《おそ》れることなどありません。

これからは、「未来の政党」が道を開いていくべきであり、古い考えにとらわれている人たちは退場すべきです。新しい考えを持った人たちが出陣《しゅつじん》して、新しい国を開いていくべきです。

今の政治家たちは、過去の実績が、みな足かせになっているのです。「政治家として何回当選した。何十年やった」などということをたくさん言っていて、一見、立派に見えるかもしれませんが、その過去の実績なるものが足かせになって、新しいことに取りかかることなどできないでいるのです。

例えば、私は、近著『日本の繁栄は、絶対に揺《ゆ》るがない』（幸福の科学出版刊）において、「メガバンクから三十兆円の銀行紙幣《しへい》を発行すれば、景気は回復する」という趣旨《しゅし》の提案をしましたが、政府関係者のなかで、それを読んでまともに反応した人は一人もいませんでした。

それだけを見ても、どれほど頭が硬直化《こうちょくか》しているかが分かります。「紙幣は日本銀行で発行するものだ」と頭に刷り込《こ》まれていて、それ以外の考えを思いつくことができないのです。

そういう可能性があることさえ思いつくことができず、「日銀の政策が一種の統制経済のようになって失敗しているため、日本の経済がこのような状態になっている。また、世界の中央銀行も、そうした統制経済によって数多く失敗しているのだ」ということが分からずにいるのです。

そのような古い遺伝子は、そろそろ入れ換《か》えたほうがよいと思います。現在の政党のなかで生き残る人もいるとは思いますし、これまでの実績をすべて否定するわけではありませんが、「新しい考え」を持った人たちが主導権を持つ政治形態をつくっていきたいと思うのです。

その意味で、幸福実現党には、一議席でも多く獲得《かくとく》していただきたいし、ぜひとも、「第一党」を目指していただきたいと思っています。

恐れることはありません。実際に大臣をしている人たちも、テレビに映ったら偉《えら》く見えるだけで、大したアイデアなど持っていないのです。新人で大丈夫《だいじょうぶ》です。どんどんトライしたらよいのです。一カ月もすれば、それらしくなってくるので、何も問題はありません。

幸福の科学で教養を学び、知的訓練を受けている人たちであるならば、大臣であろうと何であろうと平気でやればよいのです。

未来は見えています。着実なる前進をしていきたいと思います。

あとがき

宗教が尊敬、尊重されない国家は、一時期、この世的に発展・繁栄しているように見えても、必ず人権が弾圧され、国民は飢《う》えに苦しむようになっていく。

また、正義の根拠を示せないマスコミは、悪しき商業至上主義から抜け出すことができず、民主主義の真の防波堤となりえないだろう。

本物と偽物を峻別《しゅんべつ》する知恵が大切である。国民一人一人を啓蒙《けいもう》しつつ、日本と世界を繁栄に導いていきたいものだと考えている。

未来は、あなたがた一人一人の決意と勇気と行動力の上に築き上げられていくのだ。

二〇〇九年　六月吉日

国師《こくし》　大川隆法《おおかわりゅうほう》

本書は左記の法話をとりまとめ、加筆したものです。

第1章　水平権力の時代
——ギリシャ的政治理想をめぐって——

第2章　政治の理想について

第3章　政治経済学入門
——国富増大への道——

第4章　国家経済と人間の自由

第5章　幸福の具体化について

二〇〇九年五月十四日説法
東京都・総合本部にて

二〇〇九年五月十七日説法
千葉県・千葉船橋支部精舎にて

二〇〇九年五月十九日説法
東京都・総合本部にて

二〇〇九年五月二十一日説法
東京都・総合本部にて

二〇〇九年五月二十四日説法
東京都・東京正心館にて

『政治の理想について』大川隆法著作参考文献

『幸福実現党宣言』（幸福の科学出版刊）
『国家の気概』（同右）
『日本の繁栄は、絶対に揺るがない』（同右）
『朝の来ない夜はない』（同右）
『太陽の法』（同右）
『勇気の法』（同右）

政治《せいじ》の理想《りそう》について ――幸福実現党宣言②――

2009年6月27日　初版第1刷

著　者　　大《おお》　川《かわ》　隆《りゅう》　法《ほう》

発行所　　幸福の科学出版株式会社

〒142-0041 東京都品川区戸越1丁目6番7号
TEL(03)6384-3777
http://www.irhpress.co.jp/

印刷・製本　株式会社 堀内印刷所

落丁・乱丁本はおとりかえいたします
©Ryuho Okawa 2009. Printed in Japan. 検印省略
ISBN978-4-87688-351-6 C0031
Photo:©Bastos-Fotolia.com

大川隆法 最新刊・救国の緊急提言

国民を真に幸福にするための「憲法改正」を語る

大反響
発売中

幸福実現党宣言

この国の未来をデザインする

- なぜ今「幸福実現党宣言」なのか
- 政治と宗教、その真なる関係
- 「日本国憲法」を改正すべき理由
- 消費税、医療制度、政治資金問題……
今、起きている政治の問題に答える

1,600円

第1章 幸福実現党宣言
第2章 この国の未来をデザインする
第3章 「幸福実現党宣言」についての質疑応答

※表示価格は本体価格（税別）です。

大川隆法 最新刊・救国の緊急提言

迫りくる国難を予見し、あるべき「国家戦略」の姿を示す

大好評発売中

国家の気概
日本の繁栄を守るために

◆中国の覇権主義にどう立ち向かうか
◆日本は「インド」と軍事同盟を結ぶべき
◆領土問題を脇に置いてでも「日露協商」を
◆「憲法九条」を改正し、自衛権を明記せよ
◆すべての宗教戦争を終わらせるには

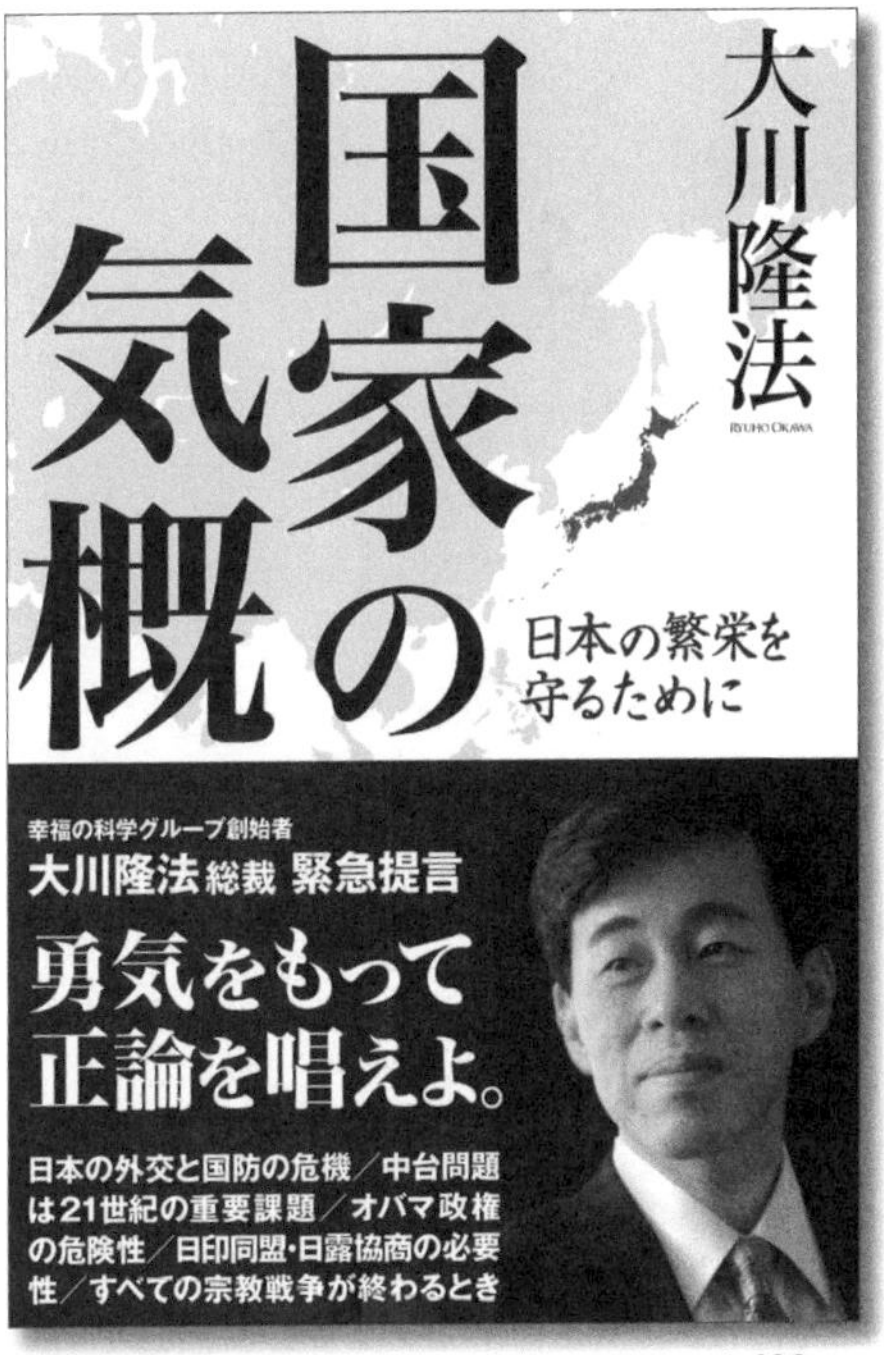

1,600円

第1章 構想力の時代
第2章 リーダーに求められること
第3章 気概について――国家入門
第4章 日本の繁栄を守るために
第5章 夢の未来へ

幸福の科学出版

大川隆法 ベストセラーズ・不況対策 第2弾

日本と世界の今を読み解き
未来への指針を提示

- ◆この不況は「ネットと携帯電話のバブル破裂不況」
- ◆オバマの就任演説は、金融とイラクの敗北宣言
- ◆アメリカの〝ジャパナイゼーション〟（日本化）が始まった
- ◆30兆円の銀行紙幣の発行で景気は回復する
- ◆予算の「単年度制」改正で、財政赤字は解決する

1,600円

日本の繁栄は、絶対に揺るがない

不況を乗り越えるポイント

※表示価格は本体価格（税別）です。

大川隆法 ベストセラーズ・**不況対策 第1弾**

どうする日本経済 どうなる国際情勢
混迷する日本と世界へ緊急提言

- 「第二の世界恐慌」の発生を止めた日本
- なぜ、財政赤字でもアメリカは潰れないのか
- 緊迫するアジア情勢。日本はどうする?
- 大不況を乗り越える「必勝の戦略」とは
- 宗教対立とテロ問題を解決するには

1,600円

朝の来ない夜はない

「乱気流の時代」を乗り切る指針

第1章 朝の来ない夜はない
第2章 ニューヨークで考えたこと
第3章 必勝への道
第4章 仏国土ユートピアの実現
第5章 一日一生で生きよ

大川隆法 ベストセラーズ・成功への王道を歩む。

すべての人の手に
幸福と成功を

希望の法
光は、ここにある

1,800円

金銭的な豊かさへの正しい見方や、結婚相手の選び方、人間関係をよくする方法など、学校では教えてくれない成功法則を学ぶ。

自らの運命を開く
力が湧いてくる

勇気の法
熱血 火の如くあれ

1,800円

力強い言葉の数々が、心のなかの勇気を呼び起こし、未来をつかみとる力が湧いてくる。挫折や人間関係に悩む人へ贈る情熱の書。

実戦で力を発揮する
必勝の方法論

常《じょう》勝《しょう》の法
人生の勝負に勝つ
成功法則

1,800円

人生全般にわたる成功の法則や、不況をチャンスに変える方法など、あらゆる勝負の局面で勝ち続けるための兵法を明かす。

人生を成功に導く
圧倒的な光の書

成功の法
真のエリートを
目指して

1,800円

失敗、挫折、不安、劣等感のなかにある人よ、本書を生きる糧、勇気の泉としてほしい。悩み多き現代人を励まし導く、圧倒的な光の書。

経営の極意を初公開!

会社と社会を
幸福にする経営論

経営入門
人材論から事業繁栄まで

小さな会社から大企業まで、組織規模に応じた経営の組み立て方や経営資源の配分、人材育成の方法など、強い組織をつくるための「経営の急所」ともいうべき要点を伝授する。

9,800円

※表示価格は本体価格(税別)です。

大川隆法 ベストセラーズ・人生の本当の意味を知る。

愛と悟り、文明の変転、そして未来史――現代の聖典「基本三法」

法体系
太陽の法
エル・カンターレへの道

時間論
黄金の法
エル・カンターレの歴史観

空間論
永遠の法
エル・カンターレの世界観

各 2,000円

映画化決定!

仏陀の言葉が胸に迫る

仏陀再誕
緑生の弟子たちへの
メッセージ

800円

我、再誕す。
すべての弟子たちよ、
目覚めよ――。
二千六百年前、
インドの地において説かれた
釈迦の直説金口の説法が、
現代に甦る。

〔携帯版〕
A6判変型・
ソフトカバー

2009年
10月17日
全国
ロードショー

幸福の科学

あなたに幸福を、地球にユートピアを――
宗教法人「幸福の科学」は、
この世とあの世を貫く幸福を目指しています。

幸福の科学は、仏法真理《ぶっぽうしんり》に基づいて、まず自分自身が幸福になり、その幸福を、家庭に、地域に、国家に、そして世界に広げていくために創られた宗教です。

「愛とは与えるものである」「苦難・困難は魂を磨く砥石《といし》である」といった真理を知るだけでも、悩みや苦しみを解決する糸口がつかめ、幸福への一歩を踏み出すことができるでしょう。

この仏法真理を説かれている方が、大川隆法総裁です。かつてインドに釈尊《しゃくそん》として、ギリシャにヘルメスとして生まれ、人類を導かれてきた存在、主エル・カンターレが、現代の日本に下生《げしょう》され、救世の法を説かれているのです。

主を信じる人は、どなたでも、幸福の科学に入会することができます。あなたも幸福の科学に集い、ほんとうの幸福を見つけてみませんか。

幸福の科学の活動

●全国および海外各地の精舎《しょうじゃ》、支部・拠点等において、大川隆法総裁の御法話拝聴会、反省・瞑想《めいそう》等の研修、祈願などを開催しています。

●精舎は、日常の喧騒《けんそう》を離れた「聖なる空間」です。心を深く見つめることで、疲れた心身をリフレッシュすることができます。

●支部・拠点は、あなたの町の「心の広場」です。さまざまな世代や職業の方が集まり、心の交流を行いながら、仏法真理を学んでいます。

幸福の科学入会のご案内

◆精舎、支部・拠点・布教所にて、入会式にのぞみます。入会された方には、経典《きょうてん》「入会版『正心法語《しょうしんほうご》』」が授与されます。

◆お申し込み方法等については、最寄りの精舎、支部・拠点・布教所、または左記までお問い合わせください。

幸福の科学サービスセンター
TEL 03-5793-1727
受付時間 火～金：一〇時～二〇時
土・日：一〇時～一八時

大川隆法総裁の法話が掲載された、幸福の科学の小冊子（毎月１回発行）

月刊「幸福の科学」
幸福の科学の教えと活動がわかる総合情報誌

「ヘルメス・エンゼルズ」
親子で読んでいっしょに成長する心の教育誌

「ザ・伝道」
幸福になる心のスタイルを提案

「ヤング・ブッダ」
学生・青年向けほんとうの自分探究マガジン

幸福の科学の精舎、支部・拠点に用意しております。詳細については下記の電話番号までお問い合わせください。

TEL 03-5793-1727

宗教法人 幸福の科学 ホームページ **http://www.kofuku-no-kagaku.or.jp/**